100 출제 경향만으로
끝장내는

JPT
JLPT
적중문법

서경원 지음

S 시원스쿨닷컴

JPT JLPT 적중문법

초판 9쇄 발행 2022년 10월 14일

지은이 서경원
감수 하리 에미코
펴낸곳 (주)에스제이더블유인터내셔널
펴낸이 양홍걸 이시원

홈페이지 www.siwonschool.com
주소 서울시 영등포구 국회대로74길 12 남중빌딩 시원스쿨
교재 구입 문의 02)2014-8151
고객센터 02)6409-0878

ISBN 979-11-6150-138-3
Number 1-311111-18181800-02

이 책은 저작권법에 따라 보호받는 저작물이므로 무단복제와 무단전재를 금합니다. 이 책 내용의 전부 또는 일부를 이용하려면 반드시 저작권자와 ㈜에스제이더블유인터내셔널의 서면 동의를 받아야 합니다.

머리말

1985년 부터 시행되고 있는 JPT는 실질적인 커뮤니케이션 능력을 측정하고 평가하는 시험으로, 일본 현지에서 실제로 사용되고 있는 꼭 필요한 다양한 표현과 문법이 시험에서 다루어집니다. 특히 JPT는 매달 시험이 있고 영어의 토익처럼 비즈니스 내용 중심이라는 점 때문에 대학 입시는 물론이고 기업체에서의 채용, 승진 등에도 중요한 자료로 활용되고 있습니다.

JPT는 각각 청해 100문제, 독해 100문제로 구성되어 있고 급수제인 일본어능력시험(JLPT)과는 달리 990점 만점의 점수체계를 가지고 있습니다. 이러한 JPT의 특징은 크게 세 가지 정도로 나눌 수 있습니다.

우선 JPT는 매번 새로운 유형의 문제가 출제되는 것이 아니라 문제은행 방식으로 출제되고 있고 청해와 독해 200문항 안에 일정한 레벨 분포로 초급에서 고급까지 내용이 포함되어 있습니다. 이 말은 기존의 기출 문제가 언젠가는 반드시 다시 시험에 등장한다는 말인데 결국 기출 문제의 학습이 점수에 많은 영향을 미친다고 볼 수 있습니다.

두 번째 특징으로 JPT는 한문제당 5점씩의 계산이 아니라 상대평가로 점수가 채점된다는 점입니다. 따라서 예전 시험보다 많이 맞춰도 그 시험의 다른 응사자들의 정답률이 높으면 오히려 점수가 떨어질 수도 있습니다. 따라서 남들이 틀리기 쉬운 문제를 실수 없이 풀어야 고득점이 가능합니다.

마지막으로 JPT는 정해진 범위가 없는 시험입니다. 앞서 언급한 일본어능력시험(JLPT)은 각 급수별로 출제되는 문법과 어휘가 어느 정도 지정되어 있습니다만 JPT는 모든 일본어 영역에서 출제가 됩니다. 이런 부분 때문에 JPT 학습자는 무엇부터 공부를 해야 할지 갈팡질팡하게 됩니다. 결국 JPT에서 고득점을 받기 위해서는 기출문제를 많이 숙지하고 다른 응시자들이 틀리는 문제를 실수 없이 맞춰야 하며 일본어를 좀 더 다양하게 학습해 두어야 합니다.

본 교재는 위와 같은 JPT의 특징을 고스란히 반영해 집필된 문법 전문 교재입니다. 우선 1장에서는 각 일본어 품사별로 시험에 반드시 출제되는 중요한 문법을 풍부한 예문과 함께 다루고 있습니다. 그리고 단순한 문법 설명에 그치는 것이 아니라 각 과마다 확인문제가 있고 네 개의 과마다는 어휘 정리와 함께 복습문제가 있어 다시 한 번 정리하고 넘어갈 수 있도록 구성되어 있습니다. 2장에서는 기출 문법 표현 80개가 예문과 함께 정리되어 있는데 역시 열 가지 표현마다 복습문제가 있어 다시 한 번 정리가 가능합니다. 마지막에는 실제 시험과 동일한 형식의 모의테스트로 최종적인 실력 점검도 가능합니다. 따라서 본 교재의 내용을 완벽하게 숙지하신다면 실제 시험에서도 충분히 고득점이 가능하리라 생각됩니다.

부디 이 교재를 잘 활용해 실제 일본어 시험에서도 좋은 성과가 있으시기를 진심으로 기원합니다.

저자 서경원

이 책의 특징

😊 WARMING UP 품사 활용 다져놓기

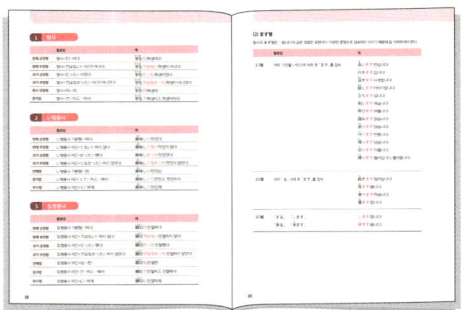

일본어 학습에 입문하며 기본적으로 배웠던 각 품사의 활용 방법을 잊지 않았는지 표로 확인하고 다시 한 번 익혀 봅니다. 본 학습에 들어가기 전 미리 연습한 뒤 본격적인 기초 문법을 받아들이도록 합니다.

😢 CHAPTER 1 기초 문법 도전하기

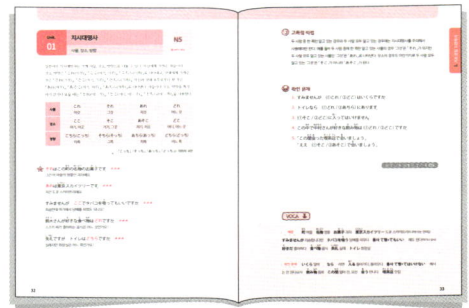

일본어 시험에 꼭 필요한 가장 기초적인 문법을 배웁니다. 각 Unit에서 자세한 문법 설명과 예문을 다루었고 난이도와 출제 빈도 또한 표시하였습니다. 서경원 선생님만의 고급 스킬인 시험 고득점 비법과 함께 확인 문제를 통해 오늘 배운 문법을 바로 바로 습득할 수 있습니다.

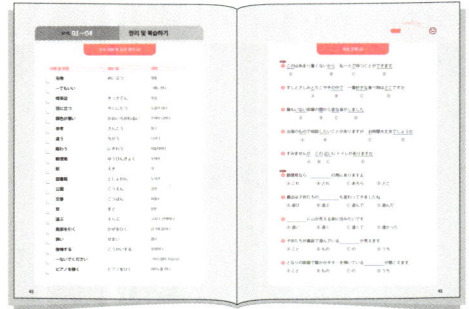

앞서 배웠던 기초 문법들을 최종적으로 정리하고 복습하는 마무리 학습입니다. '주요 어휘 및 표현 정리 20'으로 지난 Unit에서 등장한 어휘와 표현을 한눈에 정리하고, '복습 문제 10'으로 JPT 시험 유형을 미리 익혀 봄과 동시에 복습을 완료할 수 있습니다.

😃 CHAPTER 2 필수 문형 끝장내기

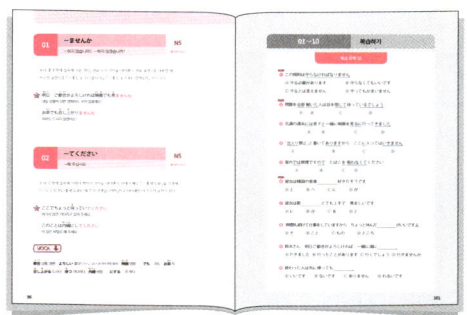

기초 문법을 익힌 뒤 일본어 시험에 100% 출제되는 필수적인 문형을 배웁니다. 각 문형 별로 다루는 자세한 설명으로 비슷하거나 반대되는 표현까지 알아볼 수 있고 예문으로 이해를 도울 수 있습니다. 또한 중간중간 '복습 문제 10'이 있어 JPT 시험에 대한 감을 잃지 않고 내 실력도 점검할 수 있습니다.

😃 CHAPTER 3 실제 시험 대비하기

실제 JPT 시험과 똑같은 실전 모의고사의 독해 파트 한 회분을 풀어볼 수 있습니다. 모의고사는 총 100문항으로 구성하였으며, 모두 최근에 시행된 실제 시험 경향과 난이도에 따라 출제하였습니다.

👍 특별 부록

1. **예문 녹음 MP3 무료 다운로드** 원어민이 녹음한 예문을 듣고 따라해 보세요.
   [시원스쿨 일본어 홈페이지(**http://japan.siwonschool.com**)의 수강신청 > 교재 / MP3]에서 무료로 다운받을 수 있습니다.

2. **실전 모의고사 OMR 답안지** 실제 시험과 같이 모의고사를 풀어보고 마킹하여 활용해 보세요.

목차

- 머리말 ··· 3
- 이 책의 특징 ··· 4
- 목차 ·· 6
- 일본어 시험(JPT·JLPT) 개요 ·· 10
- 학습 순서 ·· 14
- 학습 플랜 ·· 15
- JPT 학습 후기 ··· 16
- WARMING UP 품사 활용 다져놓기 ··· 17

CHAPTER 1 기초 문법 도전하기

- **Unit 01** 지시대명사 사물, 장소, 방향 ··· 32
- **Unit 02** 전성명사 및 복합명사 동사와 형용사에서 나온 전성명사, 복합명사 ··· 34
- **Unit 03** 위치명사 존재의 위치관계를 나타내는 명사 ························ 36
- **Unit 04** 형식명사 「もの」, 「こと」, 「の」 ·· 38
- **Unit 01~04** 정리 및 복습하기 ··· 40
- **Unit 05** い형용사 1 부사형, 과거형, 부정형, 명사형, 중지법 ············· 44
- **Unit 06** い형용사 2 가정형, 동사형, 복합 형용사, 보조 형용사 ········ 46
- **Unit 07** な형용사 1 연체형, 부사형, 가정형 ··································· 48
- **Unit 08** な형용사 2 과거형, 부정형, 중지법 ··································· 50
- **Unit 05~08** 정리 및 복습하기 ··· 52
- **Unit 09** 조사 1 「が」, 「は」 ··· 56
- **Unit 10** 조사 2 「から」, 「で」 ·· 58
- **Unit 11** 조사 3 「ながら」, 「まで」 ··· 60
- **Unit 12** 조사 4 「に」 ·· 62

Unit 13	부사 1 부정형이나 부정의 의미를 수반하는 부사	68
Unit 14	부사 2 기타 부사	70
Unit 15	접속사 1 대등(병렬, 선택, 첨가) 접속사	72
Unit 16	접속사 2 조건(순접, 역접, 요약, 화제 전환) 접속사	74
Unit 13~16	정리 및 복습하기	76
Unit 17	조수사 「枚」, 「台」, 「本」, 「冊」, 「足」	80
Unit 18	동사 1 보조동사 1	82
Unit 19	동사 2 보조동사 2 (진행과 상태 표현)	84
Unit 20	동사 3 보조동사 3 (수수 표현)	86
Unit 17~20	정리 및 복습하기	88

CHAPTER 2 필수 문형 끝장내기

01 ~ませんか	02 ~てください	96
03 ~に行く	04 ~が好きだ	97
05 ~が上手だ	06 ~た方がいい	98
07 ~なければならない	08 ~てもいい	99
09 ~てはいけない	10 ~ないでください	100
01~10 복습하기		101
11 ~の方が ~より	12 ~の中で ~が一番~	102
13 ~つもりだ	14 ~に/くなる	103
15 ~という	16 ~かもしれない	104
17 ~なさい	18 ~ばよかった	105
19 ~とは	20 なかなか ~ない	106
11~20 복습하기		107

21 ~たり ~たりする	22 ~たことがある …… 108
23 ~すぎる	24 ~前に …… 109
25 ~てから	26 ~し …… 110
27 ~しかない	28 ~がほしい …… 111
29 ~てほしい	30 ~ことにする …… 112

21~30 복습하기 …… 113

31 ~ことになる	32 ~なしに …… 114
33 ~かどうか	34 ~たい …… 115
35 ~に/くする	36 ~のに …… 116
37 ~(よ)う	38 ~たばかりだ …… 117
39 ~(の)ため	40 ~と ~とどちらが~ …… 118

31~40 복습하기 …… 119

41 ~なくて	42 ~ないで …… 120
43 ~そうだ 1	44 ~そうだ 2 …… 121
45 ~(の)ようだ	46 ~らしい …… 122
47 ~みたいだ	48 ~(の)ように …… 123
49 ~(ら)れる	50 ~(さ)せる …… 124

41~50 복습하기 …… 125

51 ~出す	52 ~続ける …… 126
53 ~はずだ	54 ~うちに …… 127
55 ~間(に)	56 ~ほど ~ない …… 128
57 ~ところだ	58 いくら ~でも/ても …… 129
59 たとえ ~でも/ても	60 ~通り(に) …… 130

51~60 복습하기 …… 131

61 ~やすい	62 ~にくい …… 132
63 ~(の)おかげで	64 ~(の)せいで …… 133
65 ~てばかりいる	66 ~ばかりか …… 134

67 ~(の)代わりに ………………	68 ~によって ……………… 135
69 ~について ………………	70 ~に対して ……………… 136

61~70 복습하기 …………………………………………………… 137

71 ~さえ ~ば ………………	72 ~べきだ ……………… 138
73 ~たびに ………………	74 ~に限る ……………… 139
75 ~とは限らない ………………	76 ~わけがない ……………… 140
77 ~わけではない ………………	78 ~わけにはいかない ……………… 141
79 ~次第 ………………	80 ~ついでに ……………… 142

71~80 복습하기 …………………………………………………… 143

😄 CHAPTER 3 실제 시험 대비하기

JPT 독해 모의고사 1회분 ………………………………………… 144

👍 부록

CHAPTER 1 확인 문제 해석 ……………………………………… 164
　　　　　　복습 문제 10 정답 및 해석 ……………………………… 166

CHAPTER 2 복습 문제 10 정답 및 해석 ……………………………… 169

CHAPTER 3 실전 모의고사 정답 및 해석 ……………………………… 173

실전 모의고사 OMR 답안지 ……………………………………… 187

일본어 시험(JPT·JLPT) 개요

☁ JPT 시험 개요

▌ JPT란?

JPT 시험(JPT 日本語能力試験)이란 국제사회에서의 일본어 커뮤니케이션 능력을 측정하는 시험으로 언어 본래의 능력을 측정하기 위함에 그 목적이 있다. 사용빈도가 낮거나 지역적이며 관용적, 학문적인 어휘는 배제하고 동경(東京)을 중심으로 한 표준어를 대상으로 출제되고 있다. JPT는 급수 없이 하나의 시험에 PART별 난이도를 초급부터 고급까지 일정한 비율로 배분하여 출제함으로써 모든 수험자가 자신의 정확한 일본어 능력을 측정할 수 있게 하였다.

▌ 시험의 구성 및 출제유형

구분	유형	시간	문항 수	배점
청해	PART1 사진 묘사	45분	20문항	495점
	PART2 질의 응답		30문항	
	PART3 회화문		30문항	
	PART4 설명문		20문항	
독해	PART5 정답 찾기	50분	20문항	495점
	PART6 오문 정정		20문항	
	PART7 공란 메우기		30문항	
	PART8 독해		30문항	
합계		95분	200문항	990점

JPT 파트별 평가 기준

	유형	설명
PART1	사진 묘사	사진이라는 시각적인 수단과 음성 언어를 통하여 청취력 및 순간적인 판단력을 평가할 수 있다.
PART2	질의 응답	간단한 회화 문장의 의미를 파악하여 순간적인 판단 능력을 요구하는 것으로써 상대방의 말이나 물음에 대답을 하여 자신의 생각을 전달할 수 있는지를 평가할 수 있다.
PART3	회화문	회화문을 통해 진행 장면과 이야기 내용 등의 정보나 사실을 짧은 대화 속에서 정확하게 청취하는 능력과 대화에서 결론을 추론해 내는 능력을 평가할 수 있다.
PART4	설명문	설명문을 읽어주고 그것을 바탕으로 한 3~4개의 질문을 제시함으로써 높은 수준의 종합적인 일본어 능력을 평가할 수 있다.
PART5	정답 찾기	한자 및 표기의 올바른 이해와 전반적인 문법, 어휘를 통한 일본어 문장 작성의 기초적인 능력을 평가할 수 있다.
PART6	오문 정정	틀린 곳이나 부적절한 부분을 지적함으로써 단순한 독해력 테스트가 아닌 표현 능력, 즉 간접적인 작문 능력을 평가할 수 있다.
PART7	공란 메우기	불완전한 문장을 문장의 전후 관계를 정확히 파악해 완전한 문장으로 완성시킴에 따라 표현력과 문법 그리고 간접적인 작문 능력을 평가할 수 있다.
PART8	독해	표면적인 이해력보다는 문자를 통해 정보를 얼마나 빨리 그리고 정확하게 파악할 수 있는지 평가할 수 있으며, 그 글에서 결론을 추론하여 최종적으로 지향하는 바가 무엇인지 또한 파악함으로써 사고력, 판단력, 분석력을 종합적으로 평가할 수 있다.

☁ JLPT 시험 개요

▰ JLPT란?

JLPT 시험(JLPT 日本語能力試驗)이란 일본 국내 및 해외에서 일본어를 모국어로 하지 않는 사람을 대상으로 일본어 능력을 객관적으로 측정하고 인정하는 것을 목적으로 하는 시험이다. 급수가 없는 JPT와 달리 JLPT는 N1부터 N5까지 총 다섯 가지 급수로 나뉘어 있으며 N1이 가장 난이도가 높은 레벨이다.

▰ 시험의 구성 및 출제유형

레벨	유형	시간	종합 득점
N1	언어지식(문자·어휘·문법)	110분	180점
	독해		
	청해	60분	
N2	언어지식(문자·어휘·문법)	105분	180점
	독해		
	청해	50분	
N3	언어지식(문자·어휘)	105분	180점
	언어지식(문법) / 독해		
	청해	40분	
N4	언어지식(문자·어휘)	95분	180점
	언어지식(문법) / 독해		
	청해	35분	
N5	언어지식(문자·어휘)	80분	180점
	언어지식(문법) / 독해		
	청해	30분	

JLPT 레벨별 인정 기준

레벨	유형	설명
N1	언어지식(문자·어휘·문법) 독해	논리적으로 약간 복잡하고 추상도가 높은 문장을 읽고 문장의 구성과 내용을 이해할 수 있으며, 다양한 화제의 글을 읽고 이야기의 흐름이나 상세한 표현의도 또한 이해할 수 있다.
	청해	자연스러운 속도로 읽어 주는 체계적인 내용의 회화나 뉴스, 강의를 듣고 내용의 흐름 및 등장인물의 관계나 내용의 논리구성 등을 상세히 이해하거나 요지를 파악할 수 있다.
N2	언어지식(문자·어휘·문법) 독해	신문이나 잡지의 기사나 해설, 평이한 평론 등 논지가 명쾌한 문장을 읽고 문장의 내용을 이해할 수 있으며, 일반적인 화제에 관한 글을 읽고 이야기의 흐름이나 표현의도를 이해할 수 있다.
	청해	자연스러운 속도로 읽어 주는 체계적인 내용의 회화나 뉴스를 듣고 내용의 흐름 및 등장인물의 관계를 이해하거나 요지를 파악할 수 있다.
N3	언어지식(문자·어휘·문법) 독해	일상적인 화제의 구체적인 내용을 나타내는 문장을 읽고 이해할 수 있으며 신문의 기사제목 등에서 정보의 개요를 파악할 수 있다. 일상적인 장면에서 난이도가 약간 높은 문장을 바꿔 제시하며 요지를 이해할 수 있다.
	청해	자연스러운 속도로 읽어 주는 체계적인 내용의 회화를 듣고 등장인물의 관계 등 이야기의 구체적인 내용을 거의 이해할 수 있다.
N4	언어지식(문자·어휘·문법) 독해	일상생활에서 흔하게 일어나는 화제를 기본적인 어휘나 한자로 쓴 문장을 읽고 이해할 수 있다.
	청해	다소 느린 속도로 읽어 주는 일상적인 장면에서의 회화를 통해 거의 내용을 이해할 수 있다.
N5	언어지식(문자·어휘·문법) 독해	히라가나나 가타카나, 일상생활에서 사용되는 기본적인 한자로 쓰여진 정형화된 어구나 문장을 읽고 이해할 수 있다.
	청해	느리고 짧은 속도로 읽어 주는 일상생활에서 자주 접하는 장면에서의 회화로부터 필요한 정보를 얻어낼 수 있다.

학습 순서

이 책을 더욱 잘 활용하기 위한 학습 순서입니다. 순서를 따라 반복적으로 학습해 봅시다. 학습할 때 무료로 제공되는 특별 부록을 활용하면 효과적으로 학습할 수 있습니다.

01 각 문법 및 문형별 자세한 설명을 천천히 이해하면서 읽기

02 예문에 문법 및 문형이 어떻게 적용되어 어떤 뉘앙스로 사용되었는지 확인하기
※ MP3 음성파일 활용

03 예문에서 활용된 단어 학습하기

04 복습 문제 풀이를 통해 학습한 문법 및 문형이 문제에 어떻게 적용되는지 연습하기

05 실전 모의고사를 통해 시험 응시 전 최종 복습하기
※ OMR 답안지 활용

06 실전 모의고사 오답풀이를 통해 자신의 취약점을 파악하고 보완하기

학습 플랜

이 책을 4주만에 소화할 수 있도록 구성한 플랜입니다. 특히 복습이 중요하며, 복습을 통해 내가 알고 있는 내용과 모르고 있는 내용을 정확히 구분하여 모르는 내용을 위주로 다시 한 번 학습할 수 있도록 해 봅시다.

4주 플랜

DAY1	DAY2	DAY3	DAY4	DAY5	DAY6	DAY7
WARMING UP	CHAPTER1 Unit 01~04	정리 및 복습	CHAPTER1 Unit 05~08	정리 및 복습	CHAPTER1 Unit 09~12	정리 및 복습

DAY8	DAY9	DAY10	DAY11	DAY12	DAY13	DAY14
CHAPTER1 Unit 13~16	정리 및 복습	CHAPTER1 Unit 17~20	정리 및 복습	CHAPTER2 01~10	복습	CHAPTER2 11~20

DAY15	DAY16	DAY17	DAY18	DAY19	DAY20	DAY21
복습	CHAPTER2 21~30	복습	CHAPTER2 31~40	복습	CHAPTER2 41~50	복습

DAY22	DAY23	DAY24	DAY25	DAY26	DAY27	DAY28
CHAPTER2 51~60	복습	CHAPTER2 61~70	복습	CHAPTER2 71~80	복습	CHAPTER3 JPT 독해 모의고사

JPT 학습 후기

수 많은 학습자가 인정한 JPT 절대고수 '서경원 선생님'의
JPT 학습 후기

JPT전문 강사 선생님이기 때문인지, 쉽고 빠르게 고득점을 달성할 수 있는 방법을 알려주십니다.

일본어 공부를 놓은 지 2년 정도 되가는 지라 다시 시작하기가 조금 걱정되었는데,

새록새록 기억이 나면서 부족한 부분을 채울 수 있었습니다.

- 6기 황*희

조사부터 고어, 경어, 자주 나오는 문법표현까지 하나하나 세세하게 짚어 주시고 고수의 노하우,

다양한 응용표현들 그리고 유의어, 반의어까지 큰 도움이 되었습니다. 한번 나왔던 표현이라도

반복해서 알려주시고 다양한 스킬과 노하우까지 알려주셔서 너무 좋았습니다.

-16기 임*준

군더더기 없이 깔끔하게 요점만 간단히 알려주셔서 그 부분이 가장 만족스럽습니다.

'간단 명료 중요부분 반복' 이것이 가장 마음에 드는 포인트입니다. 수준별로 알맞은 단어표현,

관용표현을 정리해 주시고 무엇보다 반복적으로 중요한 부분을 체크해 주셔서

매우 만족하고 있습니다.

- 25기 박*혜

> 일본어 시험에 꼭 필요한 기초 문법!
> 지금부터 서경원 선생님과 함께 꼼꼼하게 공부해 봅시다!

WARMING UP

품사 활용 다 놓기 / 사용 용지기

1 • 명사

	활용법	예
현재 긍정형	명사+だ(~이다)	学生だ(학생이다)
현재 부정형	명사+ではない(~이(가) 아니다)	学生ではない(학생이 아니다)
과거 긍정형	명사+だった(~이었다)	学生だった(학생이었다)
과거 부정형	명사+ではなかった(~이(가) 아니었다)	学生ではなかった(학생이 아니었다)
명사 연결형	명사+の(~의)	学生の(학생의)
중지법	명사+で(~이고, ~여서)	学生で(학생이고, 학생이어서)

2 • い형용사

	활용법	예
현재 긍정형	い형용사 기본형(~하다)	美味しい(맛있다)
현재 부정형	い형용사 어간+くない(~하지 않다)	美味しくない(맛있지 않다)
과거 긍정형	い형용사 어간+かった(~했다)	美味しかった(맛있었다)
과거 부정형	い형용사 어간+くなかった(~하지 않았다)	美味しくなかった(맛있지 않았다)
연체형	い형용사 기본형(~한)	美味しい(맛있는)
중지법	い형용사 어간+くて(~하고, ~해서)	美味しくて(맛있고, 맛있어서)
부사형	い형용사 어간+く(~하게)	美味しく(맛있게)

3 • な형용사

	활용법	예
현재 긍정형	な형용사 기본형(~하다)	親切だ(친절하다)
현재 부정형	な형용사 어간+ではない(~하지 않다)	親切ではない(친절하지 않다)
과거 긍정형	な형용사 어간+だった(~했다)	親切だった(친절했다)
과거 부정형	な형용사 어간+ではなかった(~하지 않았다)	親切ではなかった(친절하지 않았다)
연체형	な형용사 어간+な(~한)	親切な(친절한)
중지법	な형용사 어간+で(~하고, ~해서)	親切で(친절하고, 친절해서)
부사형	な형용사 어간+に(~하게)	親切に(친절하게)

4 동사

(1) 기본형

동사의 기본형은 어미가 모두 う단으로 끝난다는 공통점이 있으며 '~하다'라는 뜻을 가진다. 활용을 하기 위해 총 세 가지 그룹으로 분류한다.

	분류	예
1그룹	어미가 「る」가 아닌 모든 동사	会う(만나다) 行く(가다) 泳ぐ(수영하다) 話す(이야기하다) 立つ(서다) 死ぬ(죽다) 呼ぶ(부르다) 読む(읽다)
	어미가 「る」로 끝나지만 「る」 앞이 あ단, う단, お단인 동사	座る(앉다) 作る(만들다) 残る(남다)
	어미가 「る」로 끝나고 「る」 앞이 い단, え단인 예외 동사	切る(자르다) 帰る(돌아가다, 돌아오다)
2그룹	어미가 「る」로 끝나고 「る」 앞이 い단, え단인 동사	起きる(일어나다) 見る(보다) 食べる(먹다) 寝る(자다)
3그룹	「する(하다)」와 「来る(오다)」	する(하다) 来る(오다)

(2) ます형

동사의 ます형은 '~합니다'와 같은 정중한 표현이다. 다양한 문형으로 접속되어 쓰이기 때문에 잘 익혀두어야 한다.

	활용법	예
1그룹	어미 う단을 い단으로 바꾼 후 「ます」를 접속	会い**ます**(만납니다) 行き**ます**(갑니다) 泳ぎ**ます**(수영합니다) 話し**ます**(이야기합니다) 立ち**ます**(섭니다) 死に**ます**(죽습니다) 呼び**ます**(부릅니다) 読み**ます**(읽습니다) 座り**ます**(앉습니다) 作り**ます**(만듭니다) 残り**ます**(남습니다) 切り**ます**(자릅니다) 帰り**ます**(돌아갑니다, 돌아옵니다)
2그룹	어미 「る」 삭제 후 「ます」를 접속	起き**ます**(일어납니다) 見**ます**(봅니다) 食べ**ます**(먹습니다) 寝**ます**(잡니다)
3그룹	「する」→「します」 「来る」→「来ます」	**します**(합니다) **来ます**(옵니다)

(3) ない형

동사의 ない형은 부정형으로 '~하지 않다'라는 뜻을 가진다.

	활용법	예
1그룹	어미 う단을 あ단으로 바꾼 후 「ない」를 접속 ※ 어미 「う」는 「あ」가 아니라 「わ」로 바꾼 후 「ない」를 접속한다.	会わない(만나지 않다) 行かない(가지 않다) 泳がない(수영하지 않다) 話さない(이야기하지 않다) 立たない(서지 않다) 死なない(죽지 않다) 呼ばない(부르지 않다) 読まない(읽지 않다) 座らない(앉지 않다) 作らない(만들지 않다) 残らない(남지 않다) 切らない(자르지 않다) 帰らない(돌아가지 않다, 돌아오지 않다)
2그룹	어미 「る」 삭제 후 「ない」를 접속	起きない(일어나지 않다) 見ない(보지 않다) 食べない(먹지 않다) 寝ない(자지 않다)
3그룹	「する」→「しない」 「来る」→「来ない」	しない(하지 않다) 来ない(오지 않다)

(4) て형

동사의 て형은 중지법으로 '~하고, ~해서'라는 뜻을 가진다.

	활용법	예
1그룹	어미 「う」, 「つ」, 「る」를 「っ」으로 바꾼 후 「て」를 접속	会って(만나고, 만나서) 立って(서고, 서서) 座って(앉고, 앉아서) 切って(자르고, 잘라서)
	어미 「ぬ」, 「ぶ」, 「む」를 「ん」으로 바꾼 후 「で」를 접속	死んで(죽고, 죽어서) 呼んで(부르고, 불러서) 読んで(읽고, 읽어서)
	어미 「く」, 「ぐ」를 「い」로 바꾼 후 각각 「て」와 「で」를 접속 ※「行く」는 「行いて」가 아니라 「行って」이다.	聞いて(듣고, 들어서) 行って(가고, 가서) 泳いで(수영하고, 수영해서)
	어미 「す」를 「し」로 바꾼 후 「て」를 접속	話して(이야기하고, 이야기해서)
2그룹	어미 「る」 삭제 후 「て」를 접속	起きて(일어나고, 일어나서) 見て(보고, 봐서) 食べて(먹고, 먹어서) 寝て(자고, 자서)
3그룹	「する」→「して」 「来る」→「来て」	して(하고, 해서) 来て(오고, 와서)

(5) た형

동사의 た형은 과거형으로 '~했다'라는 뜻을 가진다.

	활용법	예
1그룹	어미「う」,「つ」,「る」를「っ」으로 바꾼 후「た」를 접속	会った(만났다) 立った(섰다) 座った(앉았다) 切った(잘랐다)
	어미「ぬ」,「ぶ」,「む」를「ん」으로 바꾼 후「だ」를 접속	死んだ(죽었다) 呼んだ(불렀다) 読んだ(읽었다)
	어미「く」,「ぐ」를「い」로 바꾼 후 각각「た」와「だ」를 접속 ※「行く」는「行いた」가 아니라「行った」이다.	聞いた(들었다) 行った(갔다) 泳いだ(수영했다)
	어미「す」를「し」로 바꾼 후「た」를 접속	話した(이야기했다)
2그룹	어미「る」 삭제 후「た」를 접속	起きた(일어났다) 見た(봤다) 食べた(먹었다) 寝た(잤다)
3그룹	「する」→「した」 「来る」→「来た」	した(했다) 来た(왔다)

(6) 의지/청유형

동사의 의지/청유형은 '~해야지'라고 하는 다짐과 '~하자'라고 하는 권유의 뜻을 가진다.

	활용법	예
1그룹	어미 う단을 お단으로 바꾼 후「う」를 접속	会お**う**(만나야지, 만나자) 行こ**う**(가야지, 가자) 泳ご**う**(수영해야지, 수영하자) 話そ**う**(이야기해야지, 이야기하자) 立と**う**(서야지, 서자) 死の**う**(죽어야지, 죽자) 呼ぼ**う**(불러야지, 부르자) 読も**う**(읽어야지, 읽자) 座ろ**う**(앉아야지, 앉자) 作ろ**う**(만들어야지, 만들자) 残ろ**う**(남아야지, 남자) 切ろ**う**(잘라야지, 자르자) 帰ろ**う**(돌아가야지, 돌아가자, 돌아와야지, 돌아오자)
2그룹	어미「る」삭제 후「よう」를 접속	起き**よう**(일어나야지, 일어나자) 見**よう**(봐야지, 보자) 食べ**よう**(먹어야지, 먹자) 寝**よう**(자야지, 자자)
3그룹	「する」→「しよう」 「来る」→「来よう」	**しよう**(해야지, 하자) **来よう**(와야지, 오자)

(7) ば형

동사의 ば형은 가정형으로 '~하면'이라는 뜻을 가진다.

	활용법	예
1그룹	어미 う단을 え단으로 바꾼 후 「ば」를 접속	会えば(만나면) 行けば(가면) 泳げば(수영하면) 話せば(이야기하면) 立てば(서면) 死ねば(죽으면) 呼べば(부르면) 読めば(읽으면) 座れば(앉으면) 作れば(만들면) 残れば(남으면) 切れば(자르면) 帰れば(돌아가면, 돌아오면)
2그룹	어미 「る」 삭제 후 「れば」를 접속	起きれば(일어나면) 見れば(보면) 食べれば(먹으면) 寝れば(자면)
3그룹	「する」→「すれば」 「来る」→「来れば」	すれば(하면) 来れば(오면)

(8) 가능형

동사의 가능형은 '~할 수 있다'라는 뜻을 가지는데 2그룹과 3그룹의 「来(こ)られる」는 수동형, 존경 표현과도 형태가 같다.

	활용법	예
1그룹	어미 う단을 え단으로 바꾼 후 「る」를 접속	会(あ)える(만날 수 있다) 行(い)ける(갈 수 있다) 泳(およ)げる(수영할 수 있다) 話(はな)せる(이야기할 수 있다) 立(た)てる(설 수 있다) 死(し)ねる(죽을 수 있다) 呼(よ)べる(부를 수 있다) 読(よ)める(읽을 수 있다) 座(すわ)れる(앉을 수 있다) 作(つく)れる(만들 수 있다) 残(のこ)れる(남을 수 있다) 切(き)れる(자를 수 있다) 帰(かえ)れる(돌아갈 수 있다, 돌아올 수 있다)
2그룹	어미 「る」 삭제 후 「られる」를 접속	起(お)きられる(일어날 수 있다) 見(み)られる(볼 수 있다) 食(た)べられる(먹을 수 있다) 寝(ね)られる(잘 수 있다)
3그룹	「する」→「できる」 「来(く)る」→「来(こ)られる」	できる(할 수 있다) 来(こ)られる(올 수 있다)

(9) 수동형

동사 수동형은 '~하게 되다'라는 뜻을 가지는데 누군가에 의해 뭔가를 당한다는 뉘앙스이다.

	활용법	예
1그룹	어미 う단을 あ단으로 바꾼 후 「れる」를 접속 ※ 어미 「う」는 「あ」가 아니라 「わ」로 바꾼 후 「れる」를 접속한다.	会わ**れる**(만나게 되다) 行か**れる**(가게 되다) 泳が**れる**(수영하게 되다) 話さ**れる**(이야기하게 되다) 立た**れる**(서게 되다) 死な**れる**(죽게 되다) 呼ば**れる**(불리다) 読ま**れる**(읽히다) 座ら**れる**(앉게 되다) 作ら**れる**(만들게 되다) 残ら**れる**(남게 되다) 切ら**れる**(잘리다) 帰ら**れる**(돌아가게 되다, 돌아오게 되다)
2그룹	어미 「る」 삭제 후 「られる」를 접속	起き**られる**(일어나게 되다) 見**られる**(보이다) 食べ**られる**(먹히다) 寝**られる**(자게 되다)
3그룹	「する」→「される」 「来る」→「来られる」	**される**(당하다) **来られる**(오게 되다)

(10) 사역형

동사의 사역형은 '~하게 시키다'라는 뜻을 가지는데 누군가에게 뭔가를 강제로 시킨다는 뉘앙스이다.

	활용법	예
1그룹	어미 う단을 あ단으로 바꾼 후 「せる」를 접속 ※ 어미 「う」는 「あ」가 아니라 「わ」로 바꾼 후 「せる」를 접속한다.	会わせる(만나게 하다) 行かせる(가게 하다) 泳がせる(수영하게 하다) 話させる(이야기하게 하다) 立たせる(세우다) 死なせる(죽게 하다) 呼ばせる(부르게 하다) 読ませる(읽게 하다) 座らせる(앉히다) 作らせる(만들게 하다) 残らせる(남게 하다) 切らせる(자르게 하다) 帰らせる(돌아가게 하다, 돌아오게 하다)
2그룹	어미 「る」 삭제 후 「させる」를 접속	起きさせる(일어나게 하다) 見させる(보게 하다) 食べさせる(먹이다) 寝させる(재우다)
3그룹	「する」→「させる」 「来る」→「来させる」	させる(시키다) 来させる(오게 하다)

(11) 사역수동형

동사의 사역수동형은 '~하게 함을 당하다'라는 뜻을 가지는데 누군가가 뭔가를 강제로 시켜서 억지로 당한다는 뉘앙스이다.

	활용법	예
1그룹	어미 う단을 あ단으로 바꾼 후 「せられる」를 접속 ※ 어미 「う」는 「あ」가 아니라 「わ」로 바꾼 후 「せられる」를 접속한다.	会わせられる(만나게 함을 당하다) 行かせられる(가게 함을 당하다) 泳がせられる(수영하게 함을 당하다) 話させられる(이야기하게 함을 당하다) 立たせられる(세우게 함을 당하다) 死なせられる(죽게 함을 당하다) 呼ばせられる(부르게 함을 당하다) 読ませられる(읽게 함을 당하다) 座らせられる(앉히게 함을 당하다) 作らせられる(만들게 함을 당하다) 残らせられる(남게 함을 당하다) 切らせられる(자르게 함을 당하다) 帰らせられる(돌아가게 함을 당하다, 돌아오게 함을 당하다)
2그룹	어미 「る」 삭제 후 「させられる」를 접속	起きさせられる(일어나게 함을 당하다) 見させられる(보게 함을 당하다) 食べさせられる(먹이게 함을 당하다) 寝させられる(재우게 함을 당하다)
3그룹	「する」→「させられる」 「来る」→「来させられる」	させられる(시키게 함을 당하다) 来させられる(오게 함을 당하다)

CHAPTER 1

기초 문법 도전하기

loading...

앞으로 배울 기초 문법을 미리 살펴보자!

Unit 01	**지시대명사**	사물, 장소, 방향	32
Unit 02	**전성명사 및 복합명사**	동사와 형용사에서 나온 전성명사, 복합명사	34
Unit 03	**위치명사**	존재의 위치관계를 나타내는 명사	36
Unit 04	**형식명사**	「もの」,「こと」,「の」	38
Unit 05	**い형용사 1**	부사형, 과거형, 부정형, 명사형, 중지법	44
Unit 06	**い형용사 2**	가정형, 동사형, 복합 형용사, 보조 형용사	46
Unit 07	**な형용사 1**	연체형, 부사형, 가정형	48
Unit 08	**な형용사 2**	과거형, 부정형, 중지법	50
Unit 09	**조사 1**	「が」,「は」	56
Unit 10	**조사 2**	「から」,「で」	58
Unit 11	**조사 3**	「ながら」,「まで」	60
Unit 12	**조사 4**	「に」	62
Unit 13	**부사 1**	부정형이나 부정의 의미를 수반하는 부사	68
Unit 14	**부사 2**	기타 부사	70
Unit 15	**접속사 1**	대등(병렬, 선택, 첨가) 접속사	72
Unit 16	**접속사 2**	조건(순접, 역접, 요약, 화제 전환) 접속사	74
Unit 17	**조수사**	「枚」,「台」,「本」,「冊」,「足」	80
Unit 18	**동사 1**	보조동사 1	82
Unit 19	**동사 2**	보조동사 2(진행과 상태 표현)	84
Unit 20	**동사 3**	보조동사 3(수수 표현)	86

Unit. 01 지시대명사

사물, 장소, 방향

N5

MP3 001

일본어의 지시대명사는 크게 사물, 장소, 방향으로 나눌 수 있다. 자신에게 가까운 사물이나 장소, 방향은 「これ(이것)」, 「ここ(여기, 이곳)」, 「こちら(이쪽)」로 나타내고, 상대에게 가까운 것은 「それ(그것)」, 「そこ(거기, 그곳)」, 「そちら(그쪽)」, 자신과 상대 모두로부터 먼 것은 「あれ(저것)」, 「あそこ(저기, 저곳)」, 「あちら(저쪽)」로 나타낸다. 사물이나 장소, 방향을 특정하지 않거나 모를 때는 「どれ(어느 것)」, 「どこ(어디, 어느 곳)」, 「どちら(어느 쪽)」를 사용한다.

사물	これ 이것	それ 그것	あれ 저것	どれ 어느 것
장소	ここ 여기, 이곳	そこ 거기, 그곳	あそこ 저기, 저곳	どこ 어디, 어느 곳
방향	こちら(こっち) 이쪽	そちら(そっち) 그쪽	あちら(あっち) 저쪽	どちら(どっち) 어느 쪽

※「こっち」,「そっち」,「あっち」,「どっち」는 회화체 표현

⭐ **それ**はこの町の名物のお菓子です。★★★
그건 이 마을의 명물인 과자예요.

あれは東京スカイツリーです。★★★
저건 도쿄 스카이트리예요.

すみませんが、**ここ**でタバコを吸ってもいいですか。★★★
죄송한데 여기에서 담배를 피워도 되나요?

鈴木さんが好きな食べ物は**どれ**ですか。★★★
스즈키 씨가 좋아하는 음식은 어느 것인가요?

失礼ですが、トイレは**どちら**ですか。★★★
실례지만 화장실은 어느 쪽인가요?

😊 고득점 비법

두 사람 중 한 쪽만 알고 있는 경우와 두 사람 모두 알고 있는 경우에는 지시대명사를 주의해서 사용해야만 한다. 예를 들어 두 사람 중에 한 쪽만 알고 있는 사물의 경우 '그것'은 「それ」가 되지만 두 사람 모두 알고 있는 사물인 '그것'은 「あれ」로 나타낸다. 장소의 경우도 마찬가지로 두 사람 모두 알고 있는 '그곳'은 「そこ」가 아니라 「あそこ」가 된다.

😄 확인 문제

1. すみませんが、(①これ / ②どこ) はいくらですか。
2. トイレなら、(①どれ / ②あちら) にあります。
3. (①そこ / ②どこ) に入ってはいけません。
4. この中で中村さんが好きな飲み物は (①どれ / ②どこ) ですか。
5. 「この間会った喫茶店で会いましょう」
   「ええ、(①そこ / ②あそこ) で会いましょう」

정답 1.① 2.② 3.② 4.① 5.②

VOCA

예문 町 마을 名物 명물 お菓子 과자 東京スカイツリー 도쿄 스카이트리(도쿄에 있는 전파탑)
すみませんが 죄송합니다만 タバコを吸う 담배를 피우다 동사 て형+てもいい ~해도 된다(허가나 승낙)
好きだ 좋아하다 食べ物 음식 失礼 실례 トイレ 화장실

확인 문제 いくら 얼마 ~なら ~라면 入る 들어가다, 들어오다 동사 て형+てはいけない
~해서는 안 된다(금지) 飲み物 음료 この間 얼마 전, 요전 会う 만나다 喫茶店 찻집

Unit. 02 전성명사 및 복합명사

동사와 형용사에서 나온 전성명사, 복합명사

N4

🔊 MP3 002

전성명사란 원래 동사나 형용사 등의 품사가 명사로 바뀐 것을 말한다. 동사의 경우에는 「教(おし)える(가르치다) → 教(おし)え(가르침)」, 「遊(あそ)ぶ(놀다) → 遊(あそ)び(놀이)」처럼 ます형으로 바꾸면 명사가 되고, 형용사는 어간에 「さ」나 「み」를 붙이면 되는데 예외적으로 「近(ちか)く(가까움, 근처)」, 「遠(とお)く(멂, 먼 곳)」, 「多(おお)く(많음)」의 세 단어는 따로 암기해 두어야 한다.

그리고 복합명사는 '명사+명사(顔色(かおいろ), 안색)'나 '형용사 어간+명사(悪口(わるくち), 욕)', '동사의 ます형 +명사(消(け)しゴム, 지우개)' 등의 형태가 있다.

☆ 先生(せんせい)の教(おし)えはとても役(やく)に立(た)ちました。 ☆★★
선생님의 가르침은 아주 도움이 되었어요.

駅(えき)の近(ちか)くに銀行(ぎんこう)がありますか。 ★★★
역 근처에 은행이 있나요?

遠(とお)くに山(やま)が見(み)えます。 ★★★
멀리에 산이 보여요.

どうかしましたか。顔色(かおいろ)が悪(わる)いですね。 ☆★★
무슨 일 있었나요? 안색이 나쁘네요.

すみませんが、この消(け)しゴム、使(つか)ってもいいですか。 ★★★
죄송한데 이 지우개, 써도 되나요?

😊 고득점 비법

い형용사는 바로 뒤에 오는 명사를 수식할 경우 「いい人(좋은 사람)」처럼 아무 변화 없이 기본형 그대로 수식하면 된다. 그러나 형용사에서 나온 전성명사인 「近く」, 「遠く」, 「多く」는 바로 뒤에 오는 명사를 수식할 경우 「近く+の+명사」, 「遠く+の+명사」, 「多く+の+명사」의 형태처럼 조사 「の」를 사용한다. 따라서 우리말의 '많은 사람'은 일본어로 「多い人」가 아니라 「多くの人」가 된다.

😄 확인 문제

1. 先生の (① 教え / ② 教えるの) を参考にして作ってみました。
2. 子供たちの (① 遊ぶ / ② 遊び) も昔とは違いますね。
3. 人の (① 悪い口 / ② 悪口) を言ってはいけません。
4. この (① 近く / ② 近い) に郵便局がありますか。
5. 広場は (① 多い人 / ② 多くの人) で賑わっていました。

정답 1.① 2.② 3.② 4.① 5.②

VOCA ⬇

예문 先生 선생님　とても 아주, 매우　役に立つ 도움이 되다　駅 역　銀行 은행　山 산
見える 보이다　顔色が悪い 안색이 나쁘다　使う 쓰다, 사용하다

확인 문제 参考 참고　作る 만들다　동사 て형+てみる ~해 보다(시도)　子供たち 아이들　昔 옛날
違う 다르다　郵便局 우체국　広場 광장　賑わう 떠들썩하다

Unit 03 위치명사

N5

존재의 위치관계를 나타내는 명사

🔊 MP3 003

존재의 위치관계를 나타내는 명사로는 「上(위)」, 「下(아래, 밑)」, 「前(앞)」, 「後ろ(뒤)」, 「左(왼쪽)」, 「右(오른쪽)」, 「となり(옆, 이웃)」, 「そば(옆, 곁)」, 「横(옆, 곁)」, 「近く(근처)」, 「遠く(멀리(먼 곳))」, 「間(사이)」, 「中(안, 속)」, 「外(밖)」, 「向こう(맞은편)」 등이 있다.
위치를 나타낼 때 사물이나 식물은 「~が/は ~にある(~이(가)/은(는) ~에 있다)」로 나타내고 사람이나 동물은 「~が/は ~にいる(~이(가)/은(는) ~에 있다)」로 나타낸다.

⭐ 机の**上**に本があります。 ★★★
책상 위에 책이 있어요.

家の**前**に車があります。 ★★★
집 앞에 자동차가 있어요.

郵便局は銀行の**右**の方にあります。 ★★★
우체국은 은행 오른쪽 편에 있어요.

駅の**近く**に大きいデパートがあります。 ★★★
역 근처에 큰 백화점이 있어요.

図書館の**向こう**に公園があります。 ★★★
도서관 맞은편에 공원이 있어요.

고득점 비법

방위를 나타내는 「東(동쪽)」, 「西(서쪽)」, 「南(남쪽)」, 「北(북쪽)」도 위치 표현으로 사용할 수 있다. 기타 위치를 나타내는 표현으로는 「真ん中(한 가운데)」, 「正面(정면)」, 「斜め(비스듬함)」, 「周り(주위)」, 「辺り(근처, 주변)」, 「角(모퉁이, 구석)」 등이 있다.

확인 문제

1. いすの (① 下 / ② 中) に猫がいます。
2. 家のドアの (① 中 / ② 前) に犬がいます。
3. 交番はパン屋の (① となり / ② 中) にあります。
4. 教室の (① 間 / ② 中) に学生たちがいます。
5. 窓の (① 外 / ② 間) に山が見えます。

정답 1. ① 2. ② 3. ① 4. ② 5. ①

VOCA

예문 机 책상 家 집 車 자동차 郵便局 우체국 銀行 은행 駅 역 大きい 크다 デパート 백화점 図書館 도서관 公園 공원

확인 문제 いす 의자 猫 고양이 ドア 문 犬 개 交番 파출소 パン屋 빵집 教室 교실 窓 창문 山 산 見える 보이다

Unit 04 형식명사

「もの」,「こと」,「の」

N3

MP3 004

형식명사「もの」,「こと」,「の」는 모두 우리말로 '~것'으로 해석이 가능한데 구체적인 명사나 사물, 눈에 보이는 '것'은「もの」와「の」로 나타내고 추상적인 명사나 눈에 보이지 않는 '것'은「こと」로 나타낸다. 그리고 뭔가 바꿀 수 있는 명사가 있는 경우에는「もの」나「こと」는 사용할 수 없고「の」만 사용이 가능하다.

 この中で、買いたい**もの**を選んでください。 ☆★★
이 중에서 사고 싶은 걸 골라 주세요.

うちの子供は今も嫌いな**もの**が多いです。 ☆★★
우리 애는 지금도 싫어하는 게 많아요.

君の**こと**が好きです。 ☆★★
당신을 좋아해요.

旅行の**こと**で、話したい**こと**があります。 ☆★★
여행 일로 이야기하고 싶은 게 있어요.

今日、学校に行けなかった**の**は風邪を引いたからです。 ★★★
오늘 학교에 갈 수 없었던 건 감기에 걸렸기 때문이에요.

고득점 비법

「見る(보다)」, 「見える(보이다)」, 「聞く(듣다)」, 「聞こえる(들리다)」 등 시각이나 청각을 나타내는 동사 앞에서는 「の」만 사용할 수 있다. 또한 동적인 장면이나 지금 현재 행해지는 장면, 다시 말해 진행을 나타내는 「~ている」 뒤에도 「の」만 올 수 있다.

확인 문제

1. 彼の部屋は (① もの / ② こと) が多くて狭く感じられます。
2. 過ぎた (① こと / ② もの) は後悔してもどうにもなりません。
3. そんな (① の / ② こと) で怒らないでください。
4. 誰かがピアノを弾いている (① の / ② こと) が聞こえます。
5. 子供たちが庭で遊んでいる (① こと / ② の) が見えます。

정답 1. ① 2. ① 3. ② 4. ① 5. ②

VOCA

예문 동사 ます형+たい ~하고 싶다(희망) 選ぶ 고르다, 선택하다 동사 て형+てください
~해 주십시오(의뢰나 부탁) うちの~ 우리~ (자기가 소속한 집단을 나타냄) 子供 아이 嫌いだ 싫어하다 多い 많다
好きだ 좋아하다 旅行 여행 話す 이야기하다, 말하다 今日 오늘 学校 학교 風邪を引く 감기에 걸리다

확인 문제 部屋 방 狭い 좁다 感じる 느끼다 過ぎる 지나다, 지나가다 後悔する 후회하다
どうにもならない 어떻게 할 수가 없다 怒る 화내다 동사 ない형+ないでください ~하지 말아 주십시오
(의뢰나 금지, 주의) 誰か 누군가 ピアノを弾く 피아노를 치다 庭 뜰, 정원 遊ぶ 놀다

Unit. 01~04 정리 및 복습하기

명사 어휘력 UP!

- 兄(あに) 형, 오빠
- 血(ち) 피
- 雨(あめ) 비
- 姉(あね) 누나, 언니
- 下(した) 아래, 밑
- 東(ひがし) 동쪽
- 絵(え) 그림
- 商品(しょうひん) 상품
- 遅刻(ちこく) 지각
- 事件(じけん) 사건
- 予報(よほう) 예보
- 地図(ちず) 지도
- 台所(だいどころ) 부엌
- 病院(びょういん) 병원
- 観光(かんこう) 관광
- 連絡(れんらく) 연락
- 建物(たてもの) 건물
- 横断(おうだん) 횡단
- 機会(きかい) 기회
- 作文(さくぶん) 작문

- 火(ひ) 불
- 夜(よる) 밤
- 外(そと) 밖
- 女(おんな) 여자
- 箱(はこ) 상자
- 朝(あさ) 아침
- 皿(さら) 접시
- 相談(そうだん) 상담
- 名前(なまえ) 이름
- 道路(どうろ) 도로
- 習慣(しゅうかん) 습관
- 返事(へんじ) 답장, 답변
- 人口(じんこう) 인구
- 説明(せつめい) 설명
- 品物(しなもの) 물건
- 料理(りょうり) 요리
- 季節(きせつ) 계절
- 必要(ひつよう) 필요
- 末期(まっき) 말기
- 歌手(かしゅ) 가수

- 道(みち) 길
- 背(せ) 키, 등
- 雪(ゆき) 눈
- 耳(みみ) 귀
- 魚(さかな) 생선
- 顔(かお) 얼굴
- 数(かず) 수
- 写真(しゃしん) 사진
- 帰国(きこく) 귀국
- 台風(たいふう) 태풍
- 原因(げんいん) 원인
- 会社(かいしゃ) 회사
- 問題(もんだい) 문제
- 練習(れんしゅう) 연습
- 規則(きそく) 규칙
- 参加(さんか) 참가
- 周囲(しゅうい) 주위
- 大学(だいがく) 대학
- 後者(こうしゃ) 후자
- 歩道(ほどう) 보도

- ☐ 一家 일가
- ☐ 対等 대등
- ☐ 安全 안전
- ☐ 招待 초대
- ☐ 判断 판단
- ☐ 演奏 연주
- ☐ 収入 수입
- ☐ 休暇 휴가
- ☐ 朝刊 조간
- ☐ 牛乳 우유
- ☐ 延長 연장
- ☐ 訴訟 소송
- ☐ 教育 교육
- ☐ 切実 절실
- ☐ 作業 작업
- ☐ 求人 구인
- ☐ 理由 이유
- ☐ 図書館 도서관
- ☐ 不思議 불가사의
- ☐ 危機一髪 위기일발

- ☐ 帰省 귀성
- ☐ 環境 환경
- ☐ 卒業 졸업
- ☐ 詐欺 사기
- ☐ 自習 자습
- ☐ 待望 대망
- ☐ 就職 취직
- ☐ 眼球 안구
- ☐ 世間 세간, 세상
- ☐ 玩具 완구
- ☐ 状況 상황
- ☐ 夜景 야경
- ☐ 赴任 부임
- ☐ 簡単 간단
- ☐ 火事 화재
- ☐ 人物 인물
- ☐ 渋滞 정체
- ☐ 明後日 모레
- ☐ 世界中 전세계
- ☐ 立入禁止 출입금지

- ☐ 進捗 진척
- ☐ 徐行 서행
- ☐ 控除 공제
- ☐ 尊重 존중
- ☐ 想像 상상
- ☐ 組織 조직
- ☐ 交渉 교섭
- ☐ 隠居 은거
- ☐ 悪寒 오한
- ☐ 気配 기색, 낌새
- ☐ 的確 적확
- ☐ 一覧 일람
- ☐ 敏感 민감
- ☐ 受付 접수
- ☐ 貴重 귀중
- ☐ 折衝 절충
- ☐ 常識 상식
- ☐ 地下鉄 지하철
- ☐ 馬耳東風 마이동풍
- ☐ 雨天中止 우천중지

41

Unit. 01~04 정리 및 복습하기

주요 어휘 및 표현 정리 20

어휘 및 표현	읽는 법	의미
☐ 名物	めいぶつ	명물
☐ ~てもいい	●	~해도 된다
☐ 喫茶店	きっさてん	찻집
☐ 役に立つ	やくにたつ	도움이 되다
☐ 顔色が悪い	かおいろがわるい	안색이 나쁘다
☐ 参考	さんこう	참고
☐ 違う	ちがう	다르다
☐ 賑わう	にぎわう	떠들썩하다
☐ 郵便局	ゆうびんきょく	우체국
☐ 駅	えき	역
☐ 図書館	としょかん	도서관
☐ 公園	こうえん	공원
☐ 交番	こうばん	파출소
☐ 窓	まど	창문
☐ 選ぶ	えらぶ	고르다, 선택하다
☐ 風邪を引く	かぜをひく	감기에 걸리다
☐ 狭い	せまい	좁다
☐ 後悔する	こうかいする	후회하다
☐ ~ないでください	●	~하지 말아 주십시오
☐ ピアノを弾く	ピアノをひく	피아노를 치다

복습 문제 10

1 ^{PART6} この<u>は</u>あまり重<u>くない</u>から、私一人<u>で</u>持つこと<u>ができます</u>。
　Ⓐ　　　　　　　Ⓑ　　　　　　Ⓒ　　　　　　Ⓓ

2 すしとさしみ<u>と</u>たこやき<u>の中</u>で、一番好きな食べ物は<u>どこ</u>ですか。
　　　　　　Ⓐ　　　　　Ⓑ　　　　Ⓒ　　　　　　　　Ⓓ

3 誰も<u>いない</u>部屋の<u>間</u>から<u>変な</u>音が<u>しました</u>。
　　　Ⓐ　　　　Ⓑ　　　Ⓒ　　　Ⓓ

4 出張の<u>もの</u>で<u>相談したい</u>ことがありますが、<u>お時間大丈夫</u><u>でしょうか</u>。
　　　Ⓐ　　　Ⓑ　　　　　　　　　Ⓒ　　　　　Ⓓ

5 すみません<u>が</u>、<u>この</u> <u>近い</u>にトイレが<u>ありますか</u>。
　　　　　Ⓐ　　Ⓑ　Ⓒ　　　　　　Ⓓ

6 ^{PART7} 郵便局なら、_____の角にありますよ。
　Ⓐ これ　　　Ⓑ どれ　　　Ⓒ あちら　　　Ⓓ どこ

7 最近は子供たちの_____も変わってきましたね。
　Ⓐ 遊び　　　Ⓑ 遊ぶ　　　Ⓒ 遊んで　　　Ⓓ 遊んだ

8 _____に山が見える家に住みたいです。
　Ⓐ 遠い　　　Ⓑ 遠く　　　Ⓒ 遠くて　　　Ⓓ 遠かった

9 子供たちが裏庭で遊んでいる_____が見えます。
　Ⓐ こと　　　Ⓑ もの　　　Ⓒ の　　　Ⓓ うち

10 となりの部屋で誰かがギターを弾いている_____が聞こえます。
　Ⓐ こと　　　Ⓑ もの　　　Ⓒ の　　　Ⓓ うち

Unit. 05 い形容사 1

부사형, 과거형, 부정형, 명사형, 중지법

N4

🔊 MP3 005

い형용사는 주체의 성질이나 상태를 나타내는 품사로, 「～い」로 끝나는 형태를 가진다. 구체적으로 활용하는 형태를 보면 부사형은 활용하는 부분인 어미 「い」를 「く」로 바꾸면 되고, 과거형은 어미 「い」를 「かった」로 바꾸면 된다. 그리고 부정형은 어미 「い」를 「くない」로 바꾸면 되고, 명사형은 어미 「い」를 「さ」나 「み」로 바꾸면 된다. '～하고, ～해서'라는 의미의 중지법은 어미 「い」를 「くて」로 바꾸면 된다.

기본형		い 춥다
부사형		く 춥게
과거형	寒 + (さむ)	かった 추웠다
부정형		くない 춥지 않다
명사형		さ 추위
중지법		くて 춥고, 추워서

⭐ 예

今年(ことし)は去年(きょねん)よりかなり寒(さむ)く感(かん)じられます。 ★★★
올해는 작년보다 꽤 춥게 느껴져요.

その日(ひ)は本当(ほんとう)に寒(さむ)かった。 ★★★
그날은 정말 추웠다.

今日(きょう)はあまり寒(さむ)くない。 ★★★
오늘은 그다지 춥지 않다.

昨日(きのう)より寒(さむ)さが厳(きび)しくなりましたね。 ★★★
어제보다 추위가 심해졌네요.

朝(あさ)から寒(さむ)くて一日中外出(いちにちじゅうがいしゅつ)はしませんでした。 ★★★
아침부터 추워서 하루 종일 외출은 하지 않았어요.

고득점 비법

い형용사의 명사형에는 앞서 언급했듯이「～さ」와「～み」가 있는데「～さ」는 실제로 그런 경우에 사용하고「～み」는 추상적인 의미를 나타낼 때 사용한다. 예를 들어「重い(무겁다)」라는 い형용사의 경우「重さ」는 실제 무게를 말하고「重み」는 '발언의 무게'나 '인생의 무게'처럼 추상적인 의미를 나타낼 때 사용한다. 그리고 い형용사의 과거형을 공손하게 표현할 때는「です」의 과거형인「でした」로 나타내지 않고「かったです」가 된다는 점도 주의해야 한다.

확인 문제

1. (① 寒く / ② 寒かった) なったから、体に気を付けてください。
2. 暖かいだろうと思っていたのに、想像以上に (① 寒くない / ② 寒かった)。
3. 暖房をつけたおかげで、もう (① 寒い / ② 寒くない)。
4. この服なら、ここの(① 寒さ / ② 寒く) に十分堪えられるだろう。
5. 昨日は一昨日より (① 寒いでした / ② 寒かったです)。

정답 1.① 2.② 3.② 4.① 5.②

VOCA

예문 今年 올해　去年 작년　～より ～보다　かなり 꽤, 상당히　感じる 느끼다　本当に 정말로, 정말　あまり 그다지, 별로　厳しい 심하다, 엄하다　～くなる ~해지다(변화)　一日中 하루 종일　外出 외출

확인 문제 体に気を付ける 건강에 유의하다　暖かい 따뜻하다　～だろう ~일 것이다, ~이겠지　～のに ~인데도, ~이지만(역접)　想像 상상　以上 이상　暖房をつける 난방을 켜다　～おかげで ~덕분에　もう 이제, 이미, 벌써　十分 충분히　～に堪える ~을(를) 견디다, 참다　一昨日 그저께

Unit. 06 い形容詞 2

가정형, 동사형, 복합 형용사, 보조 형용사

N4

🔊 MP3 006

い형용사의 가정형은 어미 「い」를 「ければ」로 바꾸고 동사형은 어미 「い」 대신 동사형 접미어인 「がる」를 붙이면 된다.

가정형	寒(さむ) +	ければ 추우면
동사형		がる 추워하다

그리고 복합 형용사는 명사나 동사의 ます형, い형용사 어간 등에 다시 い형용사가 접속되어 만들어진 い형용사를 말하는데 「息苦(いきぐる)しい(숨이 막히다)」, 「蒸(む)し暑(あつ)い(무덥다)」, 「細長(ほそなが)い(가늘고 길다)」 등이 있다.

⭐ 예 もし**寒(さむ)ければ**、行(い)かなくてもいいです。 ☆★★
만약 추우면 가지 않아도 돼요.

部屋(へや)にいる人(ひと)の中(なか)で、彼女(かのじょ)だけ**寒(さむ)がって**いました。 ☆★★
방에 있는 사람들 중에서 그녀만 추워하고 있었어요.

暖房(だんぼう)のせいか、ちょっと**息苦(いきぐる)しい**ですね。 ☆★★
난방 탓인지 조금 숨이 막히는군요.

今日(きょう)は朝(あさ)からとても**蒸(む)し暑(あつ)い**ですね。 ☆★★
오늘은 아침부터 매우 무덥네요.

その町(まち)には**細長(ほそなが)い**道(みち)が多(おお)いです。 ☆★★
그 마을에는 가늘고 긴 길이 많아요.

😊 고득점 비법

보조 형용사란 단독으로는 서술어가 되지 못하고 그 앞의 동사나 형용사에 접속해 서술어가 되는 형용사를 말한다. 시험에 자주 출제되는 보조 형용사로는 「동사 ます형+やすい(~하기 쉽다, ~하기 편하다)」, 「동사 ます형+にくい(~하기 어렵다)」, 「동사 ます형+がたい(~하기 힘들다)」, 「동사 ます형+づらい(~하기 거북하다)」 등의 표현이 있다.

😄 확인 문제

1. (① 寒ければ / ② 寒いければ) 暖房をつけましょうか。
2. みんな大丈夫だと言っているのに、彼女だけ(① 寒がって / ② 寒いがって) いました。
3. この機械、思ったより (① 使いやすい / ② 使うやすい) ですね。
4. 内容が難しくてちょっと理解し (① やすい / ② にくい) ですね。
5. まさか彼がそんなことをしたとは、信じ (① やすい / ② がたい) です。

정답 1.① 2.① 3.① 4.② 5.②

VOCA

예문 もし 만약　동사 ない형+なくてもいい ~하지 않아도 된다(허가나 승낙)　部屋 방
~だけ ~만, ~뿐　暖房 난방　~(の)せいか ~탓인지　ちょっと 조금, 좀　朝 아침　町 마을
道 길, 도로　多い 많다

확인 문제 暖房をつける 난방을 켜다　동사 ます형+ましょうか ~할까요?　大丈夫だ 괜찮다
機械 기계　思ったより 생각했던 것보다　使う 쓰다, 사용하다　内容 내용　難しい 어렵다　理解する
이해하다　まさか 설마　~とは ~하다니(놀람)　信じる 믿다

Unit. 07 な형용사 1
연체형, 부사형, 가정형
N4
MP3 007

な형용사란 い형용사와 마찬가지로 어떤 대상의 성질이나 상태를 설명하는 품사이다. 다만 명사를 수식할 때 い형용사는 아무런 변화 없이 그대로 수식하지만 な형용사는 「～な」의 형태로 수식하기 때문에 な형용사라고 부른다. 이런 な형용사의 부사형은 어미 「だ」를 「に」로 바꾸면 되고 가정형은 「だ」 대신 「なら(ば)」를 붙여 만든다.

기본형		だ 조용하다
연체형	静か +	な 조용한
부사형		に 조용하게
가정형		なら(ば) 조용하면

예 できれば、**静かな**町に住みたいです。★★★
가능하면 조용한 마을에 살고 싶어요.

静かな道でじっくり考えていた。★★★
조용한 길에서 곰곰이 생각하고 있었다.

何かあったのか、彼女は**静かに**泣いていました。★★★
무슨 일이 있었는지 그녀는 조용히 울고 있었어요.

激しい風が止んで**静かに**なりました。★★★
심한 바람이 그쳐서 조용해졌어요.

図書館がもっと**静かなら**、勉強に集中できたのに……。★★★
도서관이 좀 더 조용하다면 공부에 집중할 수 있었을 텐데…….

🙂 고득점 비법

「自由(자유)」,「自由だ(자유롭다)」처럼 품사가 명사도 되고 な형용사도 되는 단어는 명사를 수식할 때 주의를 요한다. 이 때 반드시「～の」가 아니라「～な」의 형태로 수식해야 한다. 예를 들어 '자유로운 사람'은「自由の人」가 아니라「自由な人」가 된다. 마찬가지로「親切(친절)」,「親切だ(친절하다)」의 경우에도 '친절한 사람'은「親切な人」라고 나타내야 한다.

😄 확인 문제

1. 勉強する時はうるさいところより (① 静かな / ② 静か) ところがいいです。
2. その子供は何かを (① 静かで / ② 静かに) 見ていました。
3. 周りが (① 静かなら / ② 静かければ)、虫の鳴き声が聞こえるかもしれません。
4. 交通が (① 便利の / ② 便利な) ところに住みたいです。
5. これは体の (① 不自由の / ② 不自由な) 人でも、安心して使えます。

정답 1. ① 2. ② 3. ① 4. ② 5. ②

VOCA ⬇

예문 できれば 가능하면　住む 살다　동사 ます형+たい ～하고 싶다(희망)　道 길, 도로
じっくり 곰곰이　考える 생각하다　泣く 울다　激しい 심하다, 격렬하다　風 바람　止む 그치다, 멈추다
図書館 도서관　もっと 좀 더　勉強 공부　集中する 집중하다

확인 문제 勉強する 공부하다　うるさい 시끄럽다　ところ 곳, 장소　いい 좋다　子供 아이
見る 보다　周り 주위　虫 벌레　鳴き声 울음소리　聞こえる 들리다　～かもしれない ～일지도 모른다
(불확실함)　交通 교통　便利だ 편리하다　体の不自由な人 몸이 불편한 사람　安心する 안심하다
使う 쓰다, 사용하다

Unit. 08 な形容詞 2

과거형, 부정형, 중지법

N4

な형용사의 과거형은 어미「だ」를「だった」로 바꿔서 나타내고 부정형은 어미「だ」를 「ではない」로 바꾸면 된다. 그리고 '~하고, ~해서'라는 의미로 뒷문장과 연결하는 중지법은 어간 다음에「で」를 연결하면 된다.

과거형	静か +	だった 조용했다
부정형		ではない 조용하지 않다
중지법		で 조용하고, 조용해서

 教室の中はとても**静かだった**。 ☆★★
교실 안은 아주 조용했다.

ここも週末にはあまり**静かではない**。 ☆★★
여기도 주말에는 그다지 조용하지 않다.

昨夜から大雨が降って**静かではありませんでした**。 ☆★★
어젯밤부터 큰비가 내려서 조용하지 않았어요.

彼女は**静かで**優しい性格です。 ☆★★
그녀는 조용하고 다정한 성격이에요.

このカフェは**静かで**一人でよく来ます。 ☆★★
이 카페는 조용해서 혼자서 자주 와요.

😊 고득점 비법

「同^{おな}じだ(똑같다)」라는 な형용사는 바로 뒤에 오는 명사를 수식할 때 유일하게 「~な」가 붙지 않는 표현으로, '똑같은 사람'은 일본어로 「同^{おな}じ人^{ひと}」가 된다. 다만 「同^{おな}じだ」 뒤에 '~이기 때문에'라는 의미로 원인이나 이유를 나타내는 접속조사 「ので」나 '~인데도, ~이지만'이라는 의미로 역접을 나타내는 접속조사 「のに」가 올 때는 「な」가 붙어 「同^{おな}じなので(똑같기 때문에)」, 「同^{おな}じなのに(똑같은데도)」가 된다.

😄 확인 문제

1. 運動場^{うんどうじょう}には誰^{だれ}もいなく、とても (① 静^{しず}かではない / ② 静^{しず}かだった)。
2. ここは平日^{へいじつ}なのに、あまり (① 静^{しず}かではない / ② 静^{しず}かな) ね。
3. その公園^{こうえん}はとても (① 静^{しず}かではない / ② 静^{しず}かで)、人の姿^{すがた}も全然^{ぜんぜん}見^みえませんでした。
4. 髪型^{かみがた}が違^{ちが}うし、背^せも伸^のびて (① 同^{おな}じ人^{ひと} / ② 同^{おな}じな人^{ひと}) には見^みえません。
5. 両方^{りょうほう}とも値段^{ねだん}が (① 同^{おな}じので / ② 同^{おな}じなので)、迷^{まよ}っています。

정답 1. ② 2. ① 3. ② 4. ① 5. ②

VOCA ⬇

예문 教室^{きょうしつ} 교실 中^{なか} 안 とても 아주, 매우 週末^{しゅうまつ} 주말 あまり 그다지, 별로 昨夜^{ゆうべ} 어젯밤 大雨^{おおあめ} 큰비 降^ふる 내리다 優^{やさ}しい 다정하다, 상냥하다 性格^{せいかく} 성격 カフェ 카페 一人^{ひとり}で 혼자서 よく 잘, 자주

확인 문제 運動場^{うんどうじょう} 운동장 平日^{へいじつ} 평일 公園^{こうえん} 공원 姿^{すがた} 모습 全然^{ぜんぜん} 전혀 見^みえる 보이다 髪型^{かみがた} 머리 스타일 違^{ちが}う 다르다 背^せが伸^のびる 키가 커지다 両方^{りょうほう} 양쪽 ~とも ~모두, ~다 値段^{ねだん} 가격 迷^{まよ}う 망설이다

Unit. 05~08 정리 및 복습하기

い형용사・な형용사 어휘력 UP!

- ☐ 深い 깊다
- ☐ 広い 넓다
- ☐ 遠い 멀다
- ☐ 低い 낮다
- ☐ 重い 무겁다
- ☐ 軽い 가볍다
- ☐ 丸い 둥글다
- ☐ 強い 강하다, 세다
- ☐ 早い 이르다, 빠르다
- ☐ 少ない 적다
- ☐ 荒い 거칠다
- ☐ 鈍い 느리다, 둔하다
- ☐ 険しい 험하다
- ☐ 鋭い 예리하다
- ☐ 古い 오래되다
- ☐ 硬い 딱딱하다
- ☐ 空しい 허무하다
- ☐ 美味しい 맛있다
- ☐ 細かい 세세하다
- ☐ 面白い 재미있다

- ☐ 多い 많다
- ☐ 狭い 좁다
- ☐ 苦い 쓰다
- ☐ 辛い 맵다
- ☐ 易しい 쉽다
- ☐ 青い 파랗다
- ☐ 濃い 진하다
- ☐ 弱い 약하다
- ☐ 細い 가늘다
- ☐ 辛い 힘들다, 괴롭다
- ☐ 汚い 더럽다
- ☐ 悪い 나쁘다
- ☐ 悲しい 슬프다
- ☐ 楽しい 즐겁다
- ☐ 親しい 친하다
- ☐ 眩しい 눈부시다
- ☐ 優しい 다정하다, 상냥하다
- ☐ 懐かしい 그립다
- ☐ 臭い 냄새나다
- ☐ 望ましい 바람직하다

- ☐ 遅い 늦다
- ☐ 白い 하얗다
- ☐ 黒い 까맣다
- ☐ 浅い 얕다
- ☐ 暑い 덥다
- ☐ 寒い 춥다
- ☐ 太い 굵다
- ☐ 大きい 크다
- ☐ 赤い 빨갛다
- ☐ 旨い 맛있다
- ☐ 清い 깨끗하다
- ☐ 危うい 위태롭다
- ☐ 危ない 위험하다
- ☐ 切ない 애절하다
- ☐ 相応しい 어울리다
- ☐ 堅苦しい 딱딱하다
- ☐ 慌ただしい 분주하다
- ☐ 恥ずかしい 부끄럽다
- ☐ 恨めしい 원망스럽다
- ☐ 頼もしい 믿음직스럽다

☐ 若(わか)い 젊다	☐ 涼(すず)しい 시원하다	☐ 厳(きび)しい 심하다, 엄하다
☐ 悔(くや)しい 분하다	☐ 詳(くわ)しい 상세하다	☐ 著(いちじる)しい 현저하다
☐ 羨(うらや)ましい 부럽다	☐ 平(ひら)たい 평평하다	☐ 勿体(もったい)ない 아깝다
☐ 怪(あや)しい 수상하다	☐ 勇(いさ)ましい 용감하다	☐ 甘(あま)い 달다, 무르다
☐ 騒(さわ)がしい 시끄럽다	☐ 高(たか)い 높다, 비싸다	☐ 生臭(なまぐさ)い 비린내가 나다
☐ 騒々(そうぞう)しい 시끄럽다	☐ 疑(うたが)わしい 의심스럽다	☐ 脆(もろ)い 무르다, 연하다
☐ 円(つぶ)らだ 둥글다	☐ 素敵(すてき)だ 멋지다	☐ 得意(とくい)だ 능숙하다
☐ 静(しず)かだ 조용하다	☐ 好(す)きだ 좋아하다	☐ 下手(へた)だ 잘 못하다
☐ 豊(ゆた)かだ 풍부하다, 풍족하다	☐ 嫌(きら)いだ 싫어하다	☐ 面倒(めんどう)だ 귀찮다
☐ 親切(しんせつ)だ 친절하다	☐ 上手(じょうず)だ 잘하다, 능숙하다	☐ 遥(はる)かだ 아득하다
☐ 無口(むくち)だ 과묵하다	☐ 健康(けんこう)だ 건강하다	☐ 平(たい)らだ 평평하다
☐ 残念(ざんねん)だ 유감이다	☐ 見事(みごと)だ 훌륭하다	☐ 肝心(かんじん)だ 중요하다
☐ 大事(だいじ)だ 중요하다	☐ 便利(べんり)だ 편리하다	☐ 愚(おろ)かだ 어리석다
☐ 丈夫(じょうぶ)だ 튼튼하다	☐ 大変(たいへん)だ 큰일이다, 힘들다	☐ 上品(じょうひん)だ 고상하다
☐ 平和(へいわ)だ 평화롭다	☐ 不便(ふべん)だ 불편하다	☐ 朗(ほが)らかだ 명랑하다
☐ 重要(じゅうよう)だ 중요하다	☐ 切実(せつじつ)だ 절실하다	☐ 華(はな)やかだ 화려하다
☐ 危険(きけん)だ 위험하다	☐ 盛(さか)んだ 한창이다	☐ 緩(ゆる)やかだ 완만하다
☐ 新鮮(しんせん)だ 신선하다	☐ 確(たし)かだ 확실하다	☐ 真(ま)っ赤(か)だ 새빨갛다
☐ 大丈夫(だいじょうぶ)だ 괜찮다	☐ 賑(にぎ)やかだ 떠들썩하다	☐ 無茶(むちゃ)だ 터무니없다
☐ 駄目(だめ)だ 안 되다, 소용없다	☐ 苦手(にがて)だ 서툴다, 싫어하다	☐ 大(おお)まかだ 대략적이다

Unit. 05~08 정리 및 복습하기

주요 어휘 및 표현 정리 20

어휘 및 표현	읽는 법	의미
☐ 厳しい	きびしい	심하다, 엄하다
☐ 体に気を付ける	からだにきをつける	건강에 유의하다
☐ 暖かい	あたたかい	따뜻하다
☐ 想像	そうぞう	상상
☐ 以上	いじょう	이상
☐ 暖房をつける	だんぼうをつける	난방을 켜다
☐ ~おかげで	●	~덕분에
☐ 息苦しい	いきぐるしい	숨이 막히다
☐ 蒸し暑い	むしあつい	무덥다
☐ 細長い	ほそながい	가늘고 길다
☐ 内容	ないよう	내용
☐ まさか	●	설마
☐ 信じる	しんじる	믿다
☐ 集中する	しゅうちゅうする	집중하다
☐ 鳴き声	なきごえ	울음소리
☐ 交通	こうつう	교통
☐ 性格	せいかく	성격
☐ 平日	へいじつ	평일
☐ 違う	ちがう	다르다
☐ 迷う	まよう	망설이다

복습 문제 10

1 今月に入って寒いさが一段と厳しくなった。
　　　　Ⓐ　　　Ⓑ　　Ⓒ　　　　Ⓓ

2 もうすぐ試験が始まりますので、静かでしてください。
　　　Ⓐ　　　　Ⓑ　　Ⓒ　Ⓓ

3 もうちょっと静かななら、勉強に集中できるのに、うるさすぎる。
　　　　　　Ⓐ　　　　Ⓑ　　　Ⓒ　　Ⓓ

4 彼女はきれいに性格もいいから、男の人に人気があります。
　　　　Ⓐ　　Ⓑ　　　　　　Ⓒ　　Ⓓ

5 まさか彼がそんな事件を起こしたとは、到底信じるがたいです。
　　Ⓐ　　Ⓑ　　　　Ⓒ　　　　　　Ⓓ

6 ＿＿＿＿いるところを見ると、風邪を引いたようです。
　Ⓐ 寒くて　　Ⓑ 寒く　　Ⓒ 寒がって　　Ⓓ 寒くなって

7 昨日は一昨日よりもっと＿＿＿＿。
　Ⓐ 寒いです　　Ⓑ 寒いでした　　Ⓒ 寒かったです　　Ⓓ 寒かったでした

8 週末にはちょっとうるさいですが、平日はとても＿＿＿＿ところです。
　Ⓐ 静か　　Ⓑ 静かな　　Ⓒ 静かで　　Ⓓ 静かに

9 冷房をつけたおかげで、もう＿＿＿＿。
　Ⓐ 暑い　　Ⓑ 暑くない　　Ⓒ 寒い　　Ⓓ 寒くない

10 ここは駅から近いし、空気もきれいで住み＿＿＿＿です。
　Ⓐ やすい　　Ⓑ にくい　　Ⓒ がたい　　Ⓓ づらい

Unit 09 조사 1

「が」, 「は」

N3

MP3 009

조사 「が」는 우리말의 '~이, ~가'로 해석되며 문장의 주어를 나타낸다. 접속조사로 사용될 때는 '~만'이라는 의미로 말을 연결하는 내용연결, 상반되는 내용이 오는 역접, 부드럽게 표현하는 완곡의 용법이 있다.

☆ 私が好きな食べ物は焼き肉です。 ☆★★
제가 좋아하는 음식은 불고기예요. (주어)

すみませんが、この近くに銀行がありますか。 ☆★★
죄송한데 이 근처에 은행이 있나요? (내용연결)

日は沈みましたが、外はまだ明るかったです。 ★★★
해는 졌습니다만 밖은 아직 밝았어요. (역접)

その日は用事があって行けないのですが。 ★★★
그날은 볼일이 있어서 갈 수 없습니다만. (완곡)

조사 「は」는 우리말의 '~은, ~는'으로 해석되며 문장의 주체, 같은 종류에 속하는 두 가지에 대한 대비, 강조의 용법이 있다.

☆ 本を読んでいる人は一人もいませんでした。 ☆★★
책을 읽고 있는 사람은 한 명도 없었어요. (주체)

肉は好きですが、魚はあまり好きではありません。 ★★★
고기는 좋아하지만 생선은 별로 좋아하지 않아요. (대비)

その商品は思ったより高くはありませんでした。 ★★★
그 상품은 생각했던 것보다 비싸지는 않았어요. (강조)

😊 고득점 비법

조사 「が」에 「する」라는 동사가 연결되어 「~がする」의 형태가 되면 감각이나 지각하는 내용을 나타낼 때 사용하는 표현이 된다. 따라서 '맛이 나다'는 「味がする」, '냄새가 나다'는 「においがする」, '향기가 나다'는 「香りがする」라고 나타낸다. 또한 '소리가 나다, 소리가 들리다'는 「音がする」, '목소리가 나다, 목소리가 들리다'는 「声がする」라고 구분하여 나타낸다.

😄 확인 문제

1. 彼に頼んでみました (① が / ② ので)、結局駄目でした。
2. 申し訳ありませんが、明日はちょっと行けないのです (① が / ② のに)。
3. 時給はそんなに高く (① が / ② は) ないですが、当分の間続けるつもりです。
4. 果物は好きですが、野菜 (① が / ② は) 好きではありません。
5. この牛乳は変な味 (① が / ② は) しますから、飲まない方がいいです。

정답 1.① 2.① 3.② 4.② 5.①

| 예문 | 食べ物 음식　焼き肉 불고기　近く 근처　日 해, 날　沈む 가라앉다, 지다　明るい 밝다 |
| 用事 볼일　肉 고기　魚 생선　商品 상품　思ったより 생각했던 것보다　高い 높다, 비싸다 |

| 확인 문제 | 頼む 부탁하다　結局 결국　駄目だ 안 되다, 소용없다　申し訳ありませんが 정말 죄송합니 다만　時給 시급　当分の間 당분간　続ける 계속하다　동사 기본형+つもりだ ~할 생각이다(작정이나 희망) 果物 과일　野菜 채소　牛乳 우유　変だ 이상하다　동사 ない형+ない方がいい ~하지 않는 게 좋다(충고) |

Unit. 10 조사 2

「から」,「で」

N3

조사 「から」에는 '~부터'라는 의미로 사물이 시작되는 순서나 범위를 나타내는 기점, '~을(를) 통해서, ~에서'라는 의미인 경유점과 재료, 그리고 '~이어서, ~이기 때문에'라는 의미로 사용되어 원인이나 이유를 나타내는 용법이 있다.

⭐ 明日**から**冬休みに入ります。 ★★★
내일부터 겨울방학에 들어가요. (기점)

窓**から**子供たちが裏庭で遊んでいるのが見えます。 ★★★
창문을 통해서 아이들이 뒤뜰에서 놀고 있는 게 보여요. (경유점)

豆腐は豆**から**作ります。 ★★★
두부는 콩으로 만들어요. (재료)

風邪を引いた**から**、昨日は学校を休みました。 ★★★
감기에 걸려서 어제는 학교를 쉬었어요. (원인이나 이유)

조사 「で」에는 '~에서'라는 의미로 동작이 이루어진 곳을 나타내는 장소, '~로'라는 의미로 어떤 일의 원인, 수단이나 방법, 재료를 나타내는 용법이 있다.

⭐ ここ**で**タバコを吸ってはいけません。 ★★★
여기에서 담배를 피워서는 안 돼요. (장소)

彼は交通事故**で**病院に入院しました。 ★★★
그 사람은 교통사고로 병원에 입원했어요. (원인)

日本では自転車**で**通学する学生が多いです。 ★★★
일본에서는 자전거로 통학하는 학생이 많아요. (수단이나 방법)

この壁は石**で**できています。 ★★★
이 벽은 돌로 되어 있어요. (재료)

고득점 비법

조사 「で」의 용법에는 앞서 언급한 용법 이외에 가득 차는 대상을 나타내는 용법과 앞에 나오는 대상을 한정시키는 한정의 용법이 있다. 예를 들어 '사람으로 가득하다'는 「人でいっぱいだ」가 되며 '혼자서'는 「一人で」가 된다.

확인 문제

1. 窓 (① から / ② で) 遠くに山が見えます。
2. 今日は休日だ (① から / ② ので)、開いていないと思います。
3. 昨日はひどい風邪 (① が / ② で) バイトを休みました。
4. 会社までは毎日車 (① に / ② で) 行っています。
5. そこまでは一人 (① に / ② で) 十分行けます。

정답 1. ① 2. ① 3. ② 4. ② 5. ②

예문 冬休み 겨울방학 裏庭 뒤뜰 遊ぶ 놀다 豆腐 두부 豆 콩 作る 만들다
風邪を引く 감기에 걸리다 休む 쉬다 タバコを吸う 담배를 피우다 交通事故 교통사고 病院 병원
入院する 입원하다 通学する 통학하다 壁 벽 石 돌 できる 되다, 이루어지다

확인 문제 休日 휴일 開いている 열려 있다(상태 표현) ひどい 심하다 バイト 아르바이트(「アルバイト (아르바이트)」의 준말) ～まで ～까지 行く 가다 十分 충분히

Unit 11 조사 3

「ながら」,「まで」 **N3**

MP3 011

조사 「ながら」에는 동사 ます형에 접속해 '~하면서'라는 의미를 갖는 동시동작, '~이지만, ~이면서도'라는 의미인 역접 용법이 있다. 또한 명사에 접속해 '~대로'라는 의미인 상태를 나타내는 용법도 있다. 기타 「残念ながら(유감이지만, 유감스럽게도)」, 「いつもながら(항상 그렇지만, 언제나처럼)」, 「生まれながら(태어날 때부터, 천부적으로)」 등은 하나의 표현으로 기억해 두어야 한다.

⭐ 예 ご飯を食べ**ながら**テレビを見る習慣はよくないです。 ★★★
밥을 먹으면서 텔레비전을 보는 습관은 좋지 않아요. (동시동작)

彼女は知ってい**ながら**、教えてくれません。 ★★★
그녀는 알고 있지만 가르쳐주지 않아요. (역접)

ここでは昔**ながら**の製法でお酒を作っています。 ★★★
여기에서는 옛날 그대로의 제법으로 술을 만들고 있어요. (상태)

조사 「まで」는 '~까지'라는 의미인데 「まで」와 「までに」의 구분이 중요하다. 「まで」는 계속되는 범위를 나타낼 때 사용하며 「までに」는 '늦어도 ~까지'라는 의미로 최종 기한을 나타낼 때 사용한다.

⭐ 예 私は9月**まで**ここで勉強するつもりです。 ★★★
저는 9월까지 여기에서 공부할 생각이에요. (계속)

私のホームページを9月**までに**完成させるのが目標です。 ★★★
제 홈페이지를 9월까지 완성시키는 게 목표예요. (최종 기한)

😊 고득점 비법

조사「ながら」가 명사에 접속하여 '~대로'라는 의미로 상태를 나타낼 때는「~のまま」로 바꿔서 사용할 수 있다. 따라서「昔ながらの家(옛날 그대로의 집)」는「昔のままの家」라고 해도 동일한 의미가 된다.

😄 확인 문제

1. 私はいつも新聞を (① 読む / ② 読み) ながらご飯を食べます。
2. してはいけないとわかって (① いながら / ② いるから)、ついしてしまった。
3. ここには (① 昔ながら / ② 昔のながら) の家がまだたくさん残っています。
4. 私はいつも9時 (① まで / ② までに) 会社に出勤しています。
5. 残業で10時 (① まで / ② までに) 仕事をする時もあります。

정답 1. ②, 2. ①, 3. ①, 4. ②, 5. ①

VOCA ⬇

예문 ご飯を食べる 밥을 먹다　テレビを見る 텔레비전을 보다　習慣 습관　知る 알다
教える 가르치다　동사 て형+てくれる ~해 주다(남이 나에게 나와 관계된 사람에게)　昔 옛날　製法 제법
ホームページ 홈페이지　完成する 완성하다　目標 목표

확인 문제 いつも 늘, 항상　新聞 신문　わかる 알다, 이해하다　つい 그만, 나도 모르게　たくさん 많이
残る 남다　出勤する 출근하다　残業 잔업, 야근　仕事をする 일을 하다

Unit 12 조사 4

「に」

N3

MP3 012

조사 「に」는 시간이나 때를 나타내는 '~에'라는 의미와 동작이나 태도의 대상, 서로 주고받는 상대를 나타내는 '~에게'라는 의미가 있다. 그리고 존재의 위치를 나타내는 '~에'라는 의미와 마지막으로 동사 ます형이나 동작성이 있는 명사에 접속해 '~하러'라는 동작의 목적을 나타내는 의미의 다섯 가지 용법이 있다.

예 今日の授業は10時に始まります。★★★
오늘 수업은 10시에 시작돼요. (시간이나 때)

今度のことで、みんなに迷惑をかけてしまいました。★★★
이번 일로 모두에게 폐를 끼쳐 버렸어요. (동작이나 태도의 대상)

田舎の母に手紙を送りましたが、まだ返事がありません。★★★
시골 어머니께 편지를 보냈습니다만 아직 답장이 없어요. (주고받는 상대)

駅前に大きなデパートができてとても便利になりました。★★★
역 앞에 큰 백화점이 생겨서 아주 편리해졌어요. (존재 위치)

明日はせっかくの休日なので、映画を見に行くつもりです。★★★
내일은 모처럼의 휴일이라 영화를 보러 갈 생각이에요. (동작의 목적)

고득점 비법

조사 「に」는 확실하게 알 수 있는 구체적이고 정확한 시간에만 붙여 시간이나 때를 나타낸다. 따라서 막연한 시간인 「昨日(어제)」, 「今日(오늘)」, 「明日(내일)」, 「今朝(오늘 아침)」, 「今年(올해)」, 「来年(내년)」, 「毎日(매일)」 등의 표현에는 조사 「に」를 붙이지 않는다.

확인 문제

1. 今日の会議は午後3時 (① に / ② で) します。
2. 学校の前 (① に / ② で) 大きなレストランがあります。
3. 明日は友だちと演劇を (① 見に / ② 見るに) 行くつもりです。
4. (① 今朝 / ② 今朝に) 公園で鈴木さんに会いました。
5. 健康のために、(① 毎日 / ② 毎日に) 運動をすることにしました。

정답 1. ① 2. ① 3. ① 4. ① 5. ①

VOCA

예문
授業 수업　始まる 시작되다　迷惑をかける 폐를 끼치다　田舎 시골
手紙を送る 편지를 보내다　返事 답장, 답변　駅前 역 앞　大きな 큰　デパート 백화점
便利だ 편리하다　せっかく 모처럼　映画 영화

확인 문제
会議 회의　午後 오후　レストラン 레스토랑　演劇 연극　公園 공원
~に会う ~을(를) 만나다　健康 건강　~のために ~을(를) 위해(목적)　運動をする 운동을 하다
~ことにする ~하기로 하다(결정)

Unit. 09~12　정리 및 복습하기

기타 일본어 조사

か　　~인지, ~인가, ~까?

⭐ 箱の中に何か入っていますか。
상자 안에 뭔가 들어 있나요?

と　　~와(과)

⭐ 彼は彼女と別れたそうです。
그는 그녀와 헤어졌다고 해요.

を　　~을(를)

⭐ すみませんが、これを2階に運んでもらえますか。
죄송한데 이걸 2층으로 옮겨 주실 수 있을까요?

も　　~도, ~이나

⭐ 明日からの旅行に田中さんも行きますか。
내일부터의 여행에 다나카 씨도 가나요?

悪いことでもあったのか、彼はビールを3本も飲みました。
안 좋은 일이라도 있었는지 그는 맥주를 세 병이나 마셨어요.

の　　~의, ~인, ~이(가)

⭐ こちらは弟の和夫です。
이쪽은 남동생인 가즈오예요.

私の好きな音楽はクラシックです。
제가 좋아하는 음악은 클래식이에요.

より　　　　～보다

⭐ 私は彼**より**背が高いです。
　　저는 그 사람보다 키가 커요.

ので　　　　～이기 때문에

⭐ 今日は休日な**ので**、家でゆっくり休むつもりです。
　　오늘은 휴일이기 때문에 집에서 느긋하게 쉴 생각이에요.

のに　　　　～인데도, ～이지만

⭐ ひどい雨が降っている**のに**、傘を差さないで歩いている人がいます。
　　심한 비가 내리고 있는데도 우산을 쓰지 않고 걷고 있는 사람이 있어요.

きり　　　　～만, ～뿐

⭐ 一人**きり**で旅行に行きました。
　　혼자서 여행하러 갔어요.

ほど　　　　～정도, ～만큼

⭐ 運動場に生徒が10人**ほど**います。
　　운동장에 학생이 10명 정도 있어요.

⭐ 今年の夏は去年**ほど**暑くありませんでした。
　　올해 여름은 작년만큼 덥지 않았어요.

すら　　　　～조차

⭐ 驚いて声**すら**出ませんでした。
　　놀라서 목소리조차 나오지 않았어요.

Unit. 09〜12 정리 및 복습하기

주요 어휘 및 표현 정리 20

어휘 및 표현	읽는 법	의미
☐ 沈む	しずむ	가라앉다, 지다
☐ 明るい	あかるい	밝다
☐ 用事	ようじ	볼일
☐ 商品	しょうひん	상품
☐ 頼む	たのむ	부탁하다
☐ 駄目だ	だめだ	안 되다, 소용없다
☐ 時給	じきゅう	시급
☐ 牛乳	ぎゅうにゅう	우유
☐ 風邪を引く	かぜをひく	감기에 걸리다
☐ 病院	びょういん	병원
☐ 入院する	にゅういんする	입원하다
☐ 壁	かべ	벽
☐ 習慣	しゅうかん	습관
☐ 教える	おしえる	가르치다
☐ 完成する	かんせいする	완성하다
☐ 残業	ざんぎょう	잔업, 야근
☐ 迷惑をかける	めいわくをかける	폐를 끼치다
☐ 返事	へんじ	답장, 답변
☐ 演劇	えんげき	연극
☐ 〜ことにする	●	〜하기로 하다

복습 문제 10

PART5
① この町には昔ながらの建物がそのまま残っています。
　Ⓐ 昔のままの建物　　　Ⓑ 昔とは違う建物
　Ⓒ 昔とは関係のない建物　Ⓓ 昔にはなかった建物

PART6
② 肉は好きで よく食べますが、魚が あまり食べません。
　　　Ⓐ　　Ⓑ　　　Ⓒ　　　Ⓓ

③ さっきから台所で変なにおいがあったので、早速行ってみました。
　　Ⓐ　　　　　　　　　　Ⓑ　　Ⓒ　　Ⓓ

④ 弟はテレビを見るながらご飯を食べる習慣があるため、母によく叱られます。
　　　　　　Ⓐ　　　　Ⓑ　　　　Ⓒ　　　　　　Ⓓ

⑤ 昨日友だちと映画を見るに行きましたが、あまり面白くありませんでした。
　　Ⓐ　　　Ⓑ　　Ⓒ　　　　　　　　　Ⓓ

⑥ もし明日に雨が降ったら、遠足は延期になります。
　　Ⓐ　　Ⓑ　　Ⓒ　　　　　Ⓓ

PART7
⑦ その駅はここ＿＿＿＿近いですか。
　Ⓐ を　Ⓑ に　Ⓒ を　Ⓓ から

⑧ この仕事を一日＿＿＿＿完成させたとは、信じられません。
　Ⓐ で　Ⓑ も　Ⓒ から　Ⓓ ほど

⑨ 高いだろうと思いましたが、思ったより高く＿＿＿＿ありませんでした。
　Ⓐ は　Ⓑ が　Ⓒ も　Ⓓ に

⑩ レポートは明日の午後1時＿＿＿＿提出してください。
　Ⓐ まで　Ⓑ までに　Ⓒ までで　Ⓓ までを

Unit 13. 부사 1

부정형이나 부정의 의미를 수반하는 부사 — N3

MP3 013

문장 뒷부분에 「～ない(～하지 않는다)」, 「駄目だ(안 되다, 소용없다)」처럼 부정형이나 부정의 의미를 수반하는 부사로는 「ちっとも(조금도)」, 「少しも(조금도)」, 「必ずしも(반드시)」, 「決して(결코)」, 「二度と(두 번 다시)」, 「強ち(반드시)」, 「まさか(설마)」, 「ろくに(제대로)」, 「滅多に(좀처럼)」, 「さほど(그다지)」 등이 있다.

ちっとも 조금도, 少しも 조금도	
必ずしも 반드시, 決して 결코, 二度と 두 번 다시, 強ち 반드시	+부정형 +부정의 의미
まさか 설마, ろくに 제대로, 滅多に 좀처럼, さほど 그다지	

예) 昨日見た映画は、**ちっとも**面白くありませんでした。★★★
어제 본 영화는 조금도 재미있지 않았어요.

値段が高い商品が**必ずしも**品質がいいとは言えません。★★★
가격이 비싼 상품이 반드시 품질이 좋다고는 말할 수 없어요.

彼なら、**決して**裏切るようなことはしないでしょう。★★★
그 사람이라면 결코 배신하는 일은 하지 않겠죠.

まさか負けるとは、思いませんでした。★★★
설마 지다니 생각지 못했어요.

うちの子は**ろくに**勉強もしないで、毎日遊んでばかりいます。★★★
우리 애는 제대로 공부도 하지 않고 매일 놀고만 있어요.

🙂 고득점 비법

부사 중에는 「なかなか(좀처럼, 상당히)」, 「あまり(그다지, 지나치게)」, 「まるで(전혀, 마치)」, 「とても(도저히, 매우)」, 「どうも(아무래도, 정말)」, 「何とも(뭐라고도, 참으로)」, 「さっぱり(전혀, 말끔히)」처럼 부정문과 긍정문에서 의미가 다른 것들이 있다. 이런 부사들은 문장의 의미를 잘 따져 보고 해석을 해야 실수가 없다.

😄 확인 문제

1. 彼は全部知っているのに、(① ちっとも / ② 二度と) 教えてくれません。
2. その日のことは、(① いくら / ② 決して) 忘れられません。
3. これは (① 滅多に / ② やっと) 来ないチャンスです。
4. 昨夜は赤ちゃんに泣かれて (① 何とも / ② ろくに) 眠れませんでした。
5. 何を言っているのか、(① たぶん / ② さっぱり) 意味がわかりませんでした。

정답 1.① 2.② 3.① 4.② 5.②

VOCA

예문 面白い 재미있다 値段が高い 가격이 비싸다 商品 상품 品質 품질
裏切る 배신하다, 배반하다 負ける 지다, 패하다 遊ぶ 놀다 동사 て형+てばかりいる ~하고만 있다(계속)

확인 문제 全部 전부 いくら 아무리 忘れる 잊다 やっと 겨우, 간신히 チャンス 찬스, 기회
昨夜 어젯밤 赤ちゃん 아기 泣く 울다 眠る 자다 たぶん 아마 意味 의미

Unit 14 부사 2

기타 부사

N3

MP3 014

의문이나 반어를 수반하는 부사로는 「どうして(왜, 어째서)」, 「なぜ(왜, 어째서)」, 「一体(도대체)」, 「果たして(과연)」 등이 있고 희망이나 바람을 수반하는 부사로는 「ぜひ(부디, 꼭)」, 「何とか(어떻게든, 뭐든지)」, 「くれぐれも(부디)」 등이 있다. 또 가정 조건을 수반하는 부사로는 「もし(만약)」, 「万一(만일)」, 「たとえ(설령, 가령)」, 「もしかすると(어쩌면)」 등이 있다.

どうして 왜, 어째서, なぜ 왜, 어째서, 一体 도대체, 果たして 과연	+의문이나 반어
ぜひ 부디, 꼭, 何とか 어떻게든, 뭐든지, くれぐれも 부디	+희망이나 바람
もし 만약, 万一 만일, たとえ 설령, 가령, もしかすると 어쩌면	+가정 조건

⭐ 예 **どうして**彼がそんなことをしたのか、まだよくわかりません。★★★
왜 그가 그런 일을 했는지 아직 잘 모르겠어요.(의문이나 반어)

果たして今度の試合も彼が優勝するのでしょうか。★★★
과연 이번 시합도 그 사람이 우승할까요?(의문이나 반어)

機会があれば、**ぜひ**日本に行ってみたいです。★★★
기회가 있으면 꼭 일본에 가 보고 싶어요.(희망이나 바람)

こんな時に、**もし**雨でも降ったら大変です。★★★
이럴 때 만약 비라도 내리면 큰일이에요.(가정 조건)

体調が悪いと言っていたから、**もしかすると**彼女は来ないかもしれません。★★★
몸 상태가 안 좋다고 말했으니까 어쩌면 그녀는 오지 않을지도 몰라요.(가정 조건)

😊 고득점 비법

부사는 같은 의미의 부사를 찾는 문제도 비중 있게 출제되고 있으므로 묶어서 암기해 두어야 한다. 실제 시험에 출제된 부사로는 「全然 = 全く(전혀)」, 「予め = 前もって(미리, 사전에)」, 「専ら = ひたすら(오로지)」, 「突然 = 不意に(갑자기)」, 「できるだけ = なるべく(가능한 한)」 등이 있다.

😄 확인 문제

1. (① 果たして / ② どうして) どの程度まで上手になれるのでしょうか。
2. その説明会には私も (① ぜひ / ② 一体) 参加したいです。
3. (① もしかすると / ② たとえ) 明日東京に行くかもしれません。
4. (① くれぐれも / ② もし) 爆発でもすれば本当に大変です。
5. 明日は (① なるべく / ② 突然) 早めに会社に来てください。

정답 1.① 2.① 3.① 4.② 5.①

VOCA ⬇

예문 試合 시합　優勝する 우승하다　機会 기회　雨 비　～でも ～이라도　降る 내리다
大変だ 큰일이다　体調が悪い 몸 상태가 안 좋다　～かもしれない ～일지도 모른다(불확실함)

확인 문제 程度 정도　～まで ～까지　上手だ 잘하다, 능숙하다　説明会 설명회　参加する 참가하다
爆発 폭발　早めに 일찌감치, 일찍　会社 회사

Unit 15. 접속사 1

대등(병렬, 선택, 첨가) 접속사 — N3
MP3 015

접속사는 문장을 서로 연결해 주는 품사이다. 대등한 관계의 접속을 나타내는 접속사에는 세부적으로 병렬 관계, 선택 관계, 첨가 관계 등이 있는데 아래 표와 같이 구분된다.

대등 접속사	병렬 관계	また 또, 또한, および ~및, ~ならびに ~및, かつ 또한, 한편
	선택 관계	または 또는, 혹은, あるいは 또는, 혹은, もしくは 또는, 혹은, ないし ~내지 それとも 그렇지 않으면, 아니면
	첨가 관계	それに 게다가, その上(うえ) 게다가, しかも 게다가, そして 그리고, それから 그리고, 그리고 나서, ちなみに 덧붙여서, なお 더구나

⭐ この欄(らん)に氏名(しめい)**および**住所(じゅうしょ)を記入(きにゅう)してください。★★★
이 란에 성명 및 주소를 기입해 주세요. (병렬 관계)

答(こた)えはボールペン**あるいは**鉛筆(えんぴつ)で書(か)いてください。★★★
답은 볼펜 혹은 연필로 적어 주세요. (선택 관계)

今日(きょう)、**もしくは**明日(あした)必(かなら)ず来(く)るはずです。★★★
오늘 또는 내일 반드시 올 거예요. (선택 관계)

この店(みせ)、安(やす)くて**しかも**味(あじ)もいいですね。★★★
이 가게, 싸고 게다가 맛도 좋네요. (첨가 관계)

朝(あさ)ご飯(はん)を食(た)べ、**それから**歯(は)を磨(みが)きました。★★★
아침을 먹고 그리고 나서 이를 닦았어요. (첨가 관계)

고득점 비법

첨가 관계를 나타내는 「そして」와 「それから」는 용법에서 비슷한 면이 많다. 행위를 열거할 경우에는 두 접속사 모두 사용할 수 있지만 사물을 열거할 경우에는 「それから」를 사용한다. 따라서 「歯を磨き、顔を洗い、(そして 또는 それから) ひげを剃りました。(이를 닦고 세수를 하고 그리고 면도를 했어요.)」라는 문장은 두 접속사 모두 사용이 가능하지만 「りんごとオレンジと、それからいちごを買ってきました。(사과와 오렌지와 그리고 딸기를 사왔어요.)」라는 문장은 사물의 열거이므로 「そして」는 사용할 수 없다.

확인 문제

1. 先生 (① および / ② それに) 生徒たちにお知らせします。
2. そこにはバス(① もしくは / ② ちなみに) 電車で行った方がいいでしょう。
3. 朝から雨が降っています。(① または / ② それに) 風も強いです。
4. 部屋の掃除と洗濯をし、(① ならびに / ② そして) シャワーを浴びました。
5. 市場に行って肉と魚、(① そして / ② それから) 野菜を買ってきました。

정답 1. ① 2. ① 3. ② 4. ② 5. ②

VOCA

예문 欄 란, 칸　氏名 성명　住所 주소　記入する 기입하다　答え 답, 대답　ボールペン 볼펜　鉛筆 연필　書く 쓰다, 적다　必ず 반드시　～はずだ ～일 터이다, ～일 것이다(당연)　店 가게　安い 싸다　味 맛　朝ご飯 아침식사　歯を磨く 이를 닦다

확인 문제 生徒たち 학생들　知らせる 알리다　お+동사 ます형+する ～하다(겸양)　電車 전철　동사 た형+た方がいい ～하는 게 좋다(충고)　雨が降る 비가 내리다　風 바람　強い 강하다　掃除 청소　洗濯 세탁, 빨래　シャワーを浴びる 샤워를 하다　市場 시장　肉 고기　魚 생선　野菜 채소

Unit 16. 접속사 2

조건(순접, 역접, 요약, 화제 전환) 접속사

N3

조건적인 접속을 나타내는 접속사에는 순접, 역접, 요약, 화제 전환 접속사 등이 있는데 아래 표와 같이 구분된다.

조건 접속사	순접 관계	だから 그러므로, 그래서, したがって 따라서, 그러므로, よって 따라서, すると 그러자, では 그러면, それで 그래서, そこで 그래서
	역접 관계	でも 하지만, 그러나, しかし 하지만, 그러나, だが 하지만, 그러나, ところが 하지만, 그러나, ただし 다만, もっとも 다만
	요약	すなわち 즉, 다름아닌, ようするに 요컨대, 결국, つまり 결국, 다시 말하면
	화제 전환	さて 그런데, ところで 그런데

예) あの店の商品は高いです。**だから**売れないです。 ★★★
저 가게의 상품은 비싸요. 그래서 안 팔려요. (순접 관계)

ドアをノックしました。**すると**、中から「はい」という声がしました。 ★★★
문을 노크했어요. 그러자 안에서 '네'라는 목소리가 들렸어요. (순접 관계)

激しい雨が降りました。**それで**行きませんでした。 ★★★
심한 비가 내렸어요. 그래서 가지 않았어요. (순접 관계)

ここは誰でも利用できます。**ただし**、利用時間は2時間だけです。 ★★★
여기는 누구든지 이용할 수 있어요. 다만 이용 시간은 2시간뿐이에요. (역접 관계)

父の父、**すなわち**祖父は高校の先生でした。 ★★★
아버지의 아버지, 즉 할아버지는 고등학교 선생님이셨어요. (요약)

고득점 비법

「さて」와 「ところで」는 '그런데'라는 의미로 모두 화제를 바꿀 때 사용하는 화제 전환 접속사인데 용법에서는 차이가 있다. 우선 「さて」는 앞에 나오는 내용을 받아서 그것을 요약하거나 무언가를 진술하는 문장에서 사용된다. 이에 반해 「ところで」는 앞의 문맥과 관련이 없는 내용을 뒤에 이어서 전환하는 역할을 한다.

확인 문제

1. 本を開きました。(① すると / ② だから) すぐ眠気がさしました。
2. 大雪が降りました。(① それから / ② そこで) 行かないことにしました。
3. 1時間も待ちました。(① しかし / ② したがって)、彼女は来ませんでした。
4. 今年は大豊作が見込まれます。
   (① もっとも / ② すなわち) 台風の被害がなければの話ですが。
5. いい天気ですね。(① ところで / ② ようするに) 昨日の面接はどうなりましたか。

정답 1.① 2.② 3.① 4.① 5.①

VOCA

예문 商品 상품 高い 높다, 비싸다 売れる 팔리다 ノックする 노크하다 声がする 목소리가 나다, 목소리가 들리다 激しい 심하다, 격렬하다 降る 내리다 誰でも 누구든지 利用する 이용하다 ～だけ ～만, ～뿐 祖父 할아버지 高校 고등학교(「高等学校(고등학교)」의 준말)

확인 문제 本を開く 책을 펼치다 すぐ 곧, 바로 眠気がさす 졸음이 오다 大雪 많은 눈, 폭설 ～ことにする ～하기로 하다(결정) 待つ 기다리다 大豊作 대풍작 見込む 예상하다, 전망하다 台風 태풍 被害 피해 面接 면접

Unit. 13~16 정리 및 복습하기

부사 어휘력 UP!

- ☐ まだ 아직
- ☐ 勿論(もちろん) 물론
- ☐ むしろ 오히려
- ☐ ゆっくり 천천히
- ☐ もっと 더, 더욱
- ☐ 絶対(ぜったい)に 절대로
- ☐ まっすぐ 똑바로
- ☐ どれほど 얼마나
- ☐ 少(すこ)し 조금, 약간
- ☐ 一番(いちばん) 가장, 제일
- ☐ のんびり 느긋하게
- ☐ ちょっと 조금, 약간
- ☐ だいぶ 꽤, 상당히
- ☐ 時々(ときどき) 가끔, 때때로
- ☐ 大変(たいへん) 몹시, 대단히
- ☐ 一概(いちがい)に 일괄적으로
- ☐ 本当(ほんとう)に 정말, 정말로
- ☐ もう 이제, 이미, 벌써
- ☐ どうぞ 부디, 아무쪼록
- ☐ 何(なん)とか 어떻게든, 그럭저럭

- ☐ 特(とく)に 특히
- ☐ 更(さら)に 더욱
- ☐ 全部(ぜんぶ) 전부
- ☐ まったく 완전히, 전혀
- ☐ 一向(いっこう)に 전혀
- ☐ 何(なん)となく 왠지
- ☐ よく 잘, 자주
- ☐ ますます 점점
- ☐ 断(だん)じて 결단코
- ☐ いつか 언젠가
- ☐ まるっきり 완전히
- ☐ 再(ふたた)び 재차, 다시
- ☐ 既(すで)に 이미, 벌써
- ☐ 早速(さっそく) 당장, 즉시
- ☐ 未(いま)だに 아직까지
- ☐ 恐(おそ)らく 아마, 필시
- ☐ いつでも 언제든지
- ☐ 遂(つい)に 결국, 마침내
- ☐ うっかり 무심코, 깜빡
- ☐ わざと 고의로, 일부러

- ☐ ふと 문득
- ☐ 度々(たびたび) 자주
- ☐ どうしても 꼭
- ☐ 到底(とうてい) 도저히
- ☐ しばしば 자주
- ☐ 常(つね)に 늘, 항상
- ☐ とにかく 어쨌든
- ☐ たまたま 우연히
- ☐ 最(もっと)も 가장, 제일
- ☐ かなり 꽤, 상당히
- ☐ およそ 대략, 대충
- ☐ ぐっすり 푹, 편안히
- ☐ 実(じつ)に 실로, 정말로
- ☐ きっと 꼭, 틀림없이
- ☐ 別(べつ)に 특별히, 그다지
- ☐ 間(ま)もなく 곧, 머지않아
- ☐ 却(かえ)って 도리어, 오히려
- ☐ きちんと 제대로, 확실히
- ☐ いつの間(ま)にか 어느 샌가
- ☐ いよいよ 드디어, 마침내

- ☐ **敢えて** 굳이
- ☐ **そもそも** 애초
- ☐ **まして** 하물며
- ☐ **どうせ** 어차피
- ☐ **いっそ** 오히려
- ☐ **とうとう** 드디어
- ☐ **いずれ** 어쨌든
- ☐ **ぼんやり** 멍하니
- ☐ **少なくとも** 적어도
- ☐ **せめて** 하다못해
- ☐ **一応** 일단, 우선
- ☐ **もはや** 이미, 벌써
- ☐ **めっきり** 두드러지게
- ☐ **あいにく** 공교롭게도
- ☐ **どうにも** 아무리 해도
- ☐ **あくまでも** 어디까지나
- ☐ **しょっちゅう** 늘, 언제나
- ☐ **ほとんど** 거의, 대부분
- ☐ **辛うじて** 겨우, 간신히
- ☐ **自然に** 자연히, 저절로

- ☐ **つい** 나도 모르게, 그만
- ☐ **直に** 직접
- ☐ **結局** 결국
- ☐ **よもや** 설마
- ☐ **直ちに** 바로
- ☐ **たかが** 겨우
- ☐ **思わず** 무심코
- ☐ **単に** 단순히
- ☐ **なまじ** 섣불리
- ☐ **確かに** 확실히
- ☐ **まず** 일단, 우선
- ☐ **じっと** 가만히, 꾹
- ☐ **今にも** 금방이라도
- ☐ **大概** 대부분, 아마
- ☐ **とっさに** 순간적으로
- ☐ **大して** 그다지, 별로
- ☐ **そっと** 조용히, 가만히
- ☐ **ひいては** 더 나아가서는
- ☐ **よほど** 어지간히, 상당히
- ☐ **せっせと** 부지런히, 열심히

- ☐ **主に** 주로
- ☐ **一旦** 일단
- ☐ **強いて** 억지로, 굳이
- ☐ **主として** 주로
- ☐ **さながら** 흡사
- ☐ **さっと** 휙, 대충
- ☐ **たちまち** 갑자기
- ☐ **一段と** 한층 더
- ☐ **ちょうど** 꼭, 마침
- ☐ **ざっと** 대략, 대충
- ☐ **きっかり** 딱, 정확히
- ☐ **こっそり** 살짝, 몰래
- ☐ **改めて** 재차, 다시
- ☐ **ようやく** 겨우, 간신히
- ☐ **不意に** 돌연, 갑자기
- ☐ **取り敢えず** 일단, 우선
- ☐ **いかに** 어떻게, 아무리
- ☐ **一気に** 단번에, 단숨에
- ☐ **さっさと** 빨리, 지체없이
- ☐ **せいぜい** 가능한 한, 고작

Unit. 13~16 정리 및 복습하기

주요 어휘 및 표현 정리 20

어휘 및 표현	읽는 법	의미
☐ 面白い	おもしろい	재미있다
☐ 品質	ひんしつ	품질
☐ 裏切る	うらぎる	배신하다, 배반하다
☐ 負ける	まける	지다, 패하다
☐ ~てばかりいる	●	~하고만 있다
☐ 忘れる	わすれる	잊다
☐ 眠る	ねむる	자다
☐ 試合	しあい	시합
☐ 機会	きかい	기회
☐ 体調が悪い	たいちょうがわるい	몸 상태가 안 좋다
☐ 程度	ていど	정도
☐ 参加する	さんかする	참가하다
☐ 歯を磨く	はをみがく	이를 닦다
☐ 掃除	そうじ	청소
☐ 洗濯	せんたく	세탁, 빨래
☐ 市場	いちば	시장
☐ 激しい	はげしい	심하다, 격렬하다
☐ 利用する	りようする	이용하다
☐ 眠気がさす	ねむけがさす	졸음이 오다
☐ 見込む	みこむ	예상하다, 전망하다

복습 문제 10

PART5

❶ 朝から晴れていましたが、不意に雨が降り出しました。
　Ⓐ 突然　　Ⓑ まもなく　　Ⓒ 全く　　Ⓓ ひたすら

❷ 彼の家は駅から近いです。そして賑やかなところです。
　Ⓐ 彼の家は駅から近くて賑やかなところです
　Ⓑ 彼の家は駅から近いですが、賑やかではありません
　Ⓒ 彼の家は駅から近くても賑やかなところではありません
　Ⓓ 彼の家は駅から近いですが、賑やかなところかどうかよくわかりません

❸ ここに住所および名前をお書きください。
　Ⓐ 住所と名前　　　　　Ⓑ 住所か名前
　Ⓒ 住所または名前　　　Ⓓ 住所あるいは名前

PART6

❹ ここに咲いている花はあまりきれいですが、いい香りがします。
　　　　　Ⓐ　　　　Ⓑ　　　Ⓒ　　　Ⓓ

❺ 気温が下がって寒くなりました。それで雨も降ってきました。
　　　　Ⓐ　　　Ⓑ　　　Ⓒ　　　　Ⓓ

❻ その話は誰にもしていません。さて、あの人も知らないはずです。
　　　　　Ⓐ　　　Ⓑ　　Ⓒ　　　　　　Ⓓ

PART7

❼ 友だちはいいペンを_____持っています。
　Ⓐ いくら　　Ⓑ たくさん　　Ⓒ ちっとも　　Ⓓ たいへん

❽ 彼は昨日彼女とけんかしました。_____今日機嫌が悪いです。
　Ⓐ しかし　　Ⓑ もしくは　　Ⓒ ないし　　Ⓓ それで

❾ 3時間もかけて遊園地に行きましたが、_____休みでした。
　Ⓐ やっと　　Ⓑ あいにく　　Ⓒ さらに　　Ⓓ きちんと

❿ 彼の話はいつも速すぎて_____何を言っているのかわからない時があります。
　Ⓐ いったい　　Ⓑ もっと　　Ⓒ かなり　　Ⓓ ぜひ

Unit 17 조수사

「枚」,「台」,「本」,「冊」,「足」

N3

MP3 017

일본어에서 물건을 세는 단위인 조수사는 물건별로 정리를 해 두어야 한다. 종이, 손수건, 우표, CD, 티셔츠 등 얇고 넓은 물건을 셀 때는 「〜枚(〜장, 〜매)」, 자동차, 세탁기, 냉장고, 텔레비전 등 큰 물건은 「〜台(〜대)」, 우산, 연필, 담배, 병, 나무 등 가늘고 긴 물건은 「〜本(〜자루, 〜개피, 〜병, 〜그루)」, 책, 노트, 잡지는 「〜冊(〜권)」, 구두나 양말은 「〜足(〜켤레)」라는 조수사를 사용한다.

⭐ **このハンカチを二枚(にまい)ください。** ★★★
이 손수건을 두 장 주세요.

私(わたし)の家(いえ)にはテレビが二台(にだい)あります。 ★★★
우리 집에는 텔레비전이 두 대 있어요.

庭(にわ)に大(おお)きな木(き)が二本(にほん)あります。 ★★★
정원에 큰 나무가 두 그루 있어요.

毎月(まいつき)、本(ほん)は二冊(にさつ)以上(いじょう)読(よ)んでいます。 ★★★
매달 책은 두 권 이상 읽고 있어요.

昨日(きのう)、デパートに行(い)って靴(くつ)を一足(いっそく)買(か)いました。 ★★★
어제 백화점에 가서 구두를 한 켤레 샀어요.

고득점 비법

'전화 한 통', '영화 한 편'의 경우 일본어로는 모두 「一本(いっぽん)」이라고 나타낸다. 전화의 경우는 유선전화를 떠올리면 되고 영화는 필름이 가늘고 길기 때문에 「~本」으로 센다고 보면 된다. 그리고 동물의 경우에는 크기에 따라 조수사가 달라지는데 개나 고양이처럼 작은 동물은 「~匹(ひき)(~마리)」로 세지만 소, 말, 코끼리 등의 큰 동물은 「~頭(とう)(~마리)」라는 조수사를 사용한다. 또한 새와 토끼는 「~羽(わ)(~마리)」로 센다.

확인 문제

1. 空(そら)を見上(みあ)げると、(① 一羽(いちわ) / ② 一枚(いちまい)) の鳥(とり)が飛(と)んでいるのが見(み)えました。
2. 机(つくえ)の上(うえ)にノートが (① 一枚(いちまい) / ② 一冊(いっさつ)) 置(お)いてあります。
3. 彼(かれ)は車(くるま)を (① 三台(さんだい) / ② 三足(さんそく)) も持(も)っているそうです。
4. いくら忙(いそが)しくても電話(でんわ) (① 一枚(いちまい) / ② 一本(いっぽん)) ぐらいはできると思(おも)います。
5. 草原(そうげん)に牛(うし)が (① 一本(いっぽん) / ② 一頭(いっとう)) 見(み)えます。

정답 1. ① 2. ① 3. ① 4. ② 5. ②

VOCA

예문 ハンカチ 손수건   ください 주십시오   テレビ 텔레비전   庭(にわ) 뜰, 정원   大(おお)きな 큰
毎月(まいつき) 매달   以上(いじょう) 이상   デパート 백화점   ~に行(い)く ~에 가다   靴(くつ) 구두, 신발

확인 문제 空(そら) 하늘   見上(みあ)げる 올려다보다   鳥(とり) 새   飛(と)ぶ 날다   机(つくえ) 책상   置(お)いてある 놓여 있다(상태 표현)
車(くるま) 자동차   동사 기본형+そうだ ~라고 한다(전해들은 말)   いくら~ても 아무리 ~해도   忙(いそが)しい 바쁘다
できる 할 수 있다, 가능하다   草原(そうげん) 초원   牛(うし) 소

Unit. 18 동사 1

보조동사 1

N4

MP3 018

보조동사란 어떤 동사가 다른 동사・い형용사・な형용사 등에 접속되어 본래의 의미가 희미해지거나 전혀 다른 의미로 사용되는 동사를 말한다. 대표적인 보조동사로는 동사 て형에 접속하는 「～てみる(~해 보다)」, 「～ておく(~해 두다)」, 「～てしまう(~해 버리다)」 등이 있으며 히라가나로 표기한다.

私もそこに行って**みる**ことにしました。 ☆★★
저도 그곳에 가 보기로 했어요.

これは引き出しの中にしまっ**ておいて**ください。 ☆★★
이건 서랍 안에 넣어 두세요.

息子はそれを一気に飲ん**でしまいました**。 ☆★★
아들은 그걸 단번에 마셔 버렸어요.

どんなことでも実際にやっ**てみない**と、わからないと思います。 ☆★★
어떤 일이라도 실제로 해 보지 않으면 모른다고 생각해요.

財布の入ったズボンを洗濯し**てしまいました**。 ☆★★
지갑이 든 바지를 세탁해 버렸어요.

😊 고득점 비법

「～てくる」와 「～ていく」는 학습자들이 많이 혼동하는 보조동사이다. 「～てくる」는 '～해 오다, 점차 ～하게 되다'라는 의미로 과거로부터 현재까지 변화가 진행됨을 나타내고 「～ていく」는 '～해 가다'라는 의미로 현재로부터 미래로 변화가 진행됨을 나타낼 때 사용하는 표현이다.

😄 확인 문제

1. 私も彼と同じものを作って (① きく / ② みる) つもりです。
2. これ、テーブルの上にきれいに並べて (① おいて / ② しまって) ください。
3. 昨日、突然降ってきた雨のせいで、体が濡れて (① おいた / ② しまった)。
4. 会社生活も最近ようやく慣れて (① きた / ② いった)。
5. 韓国は豊かな労働力のおかげで、今まで発展して (① きた / ② いった)。

정답 1. ② 2. ① 3. ② 4. ① 5. ①

VOCA

예문 ～ことにする ～하기로 하다(결정)　引き出し 서랍　しまう 넣다　息子 아들　一気に 단번에
実際に 실제로　やる 하다　財布 지갑　ズボン 바지　洗濯する 세탁하다, 빨래하다

확인 문제 同じだ 똑같다　作る 만들다　並べる 늘어놓다　突然 돌연, 갑자기　～(の)せいで ～탓에
濡れる 젖다　会社生活 회사생활　最近 최근　ようやく 겨우, 간신히　慣れる 익숙해지다
豊かだ 풍부하다, 풍족하다　労働力 노동력　～(の)おかげで ～덕분에　発展する 발전하다

Unit 19. 동사 2

보조동사 2(진행과 상태 표현) — N3

MP3 019

동사의 진행과 상태 표현은 자동사냐 타동사냐에 따라 달라지므로 주의를 요한다. 우선 자동사의 진행과 상태 표현은 모두 「자동사+ている」로 나타내므로 문맥으로 진행인지 상태인지 구분을 하면 된다. 반면 타동사의 진행은 「타동사+ている」가 되고 상태 표현은 「타동사+てある」가 된다.

⭐ 子供がグラウンドを走っ**ている**。 ★★★
아이가 운동장을 달리고 있다. (자동사 진행 표현)

部屋のドアが開い**ている**。 ★★★
방문이 열려 있다. (자동사 상태 표현)

弟は台所でご飯を食べ**ている**。 ★★★
남동생은 부엌에서 밥을 먹고 있다. (타동사 진행 표현)

庭に大きな木が植え**てある**。 ★★★
정원에 큰 나무가 심어져 있다. (타동사 상태 표현)

テーブルの上に厚い本が置い**てある**。 ★★★
테이블 위에 두꺼운 책이 놓여 있다. (타동사 상태 표현)

😊 고득점 비법

어떤 상태를 나타낼 때 「타동사 수동형+ている」의 형태도 사용되는데 일반적인 타동사의 상태 표현인 「타동사+てある」와는 차이가 있다. 예를 들어 「車が停めてあります(차가 세워져 있습니다)」는 누군가가 차를 세워 두었다는 뉘앙스의 상태 표현이지만 「車が停められています(차가 세워져 있습니다)」는 수동형이 포함되어 있으므로 누군가가 차를 세워 두어서 그것 때문에 어떠한 피해를 입었다는 뉘앙스가 생기는 표현이 된다.

😄 확인 문제

1. 部屋の電気がついて (① いる / ② ある)。
2. 大勢の人々が歩道を歩いて (① いる / ② ある)。
3. 部屋の窓が開いて (① いる / ② ある)。
4. 今の話はこの本にも書いて (① いる / ② ある)。
5. 壁に落書きが書かれて (① いる / ② ある)。

정답 1.① 2.① 3.① 4.② 5.①

VOCA ⬇

예문 グラウンド 그라운드, 운동장　走る 달리다　部屋 방　開く 열리다　弟 남동생　台所 부엌
ご飯を食べる 밥을 먹다　庭 뜰, 정원　大きな 큰　植える 심다　厚い 두껍다

확인 문제 電気 (전깃)불　つく 켜지다　大勢の人々 많은 사람들　歩道 보도, 인도　歩く 걷다　窓 창문
書く 쓰다, 적다　壁 벽　落書き 낙서

Unit. 20 동사 3
보조동사 3(수수 표현) — N3

MP3 020

일본어의 수수 표현은 크게 네 가지로 나눌 수 있다. 우선 자신보다 낮은 사람이나 동식물에게 뭔가를 해 줄 때 사용하는 「〜てやる(~해 주다)」, 또 남이 나나 가족 등 나와 관계된 사람에게 뭔가를 해 줄 때 사용하는 「〜てくれる(~해 주다)」, 「〜てくださる(~해 주시다)」가 있다. 그리고 내가 남에게 주거나 제3자끼리 주고받을 때 사용하는 「〜てあげる(~해 주다)」, 「〜てさしあげる(~해 드리다)」, 마지막으로 남에게 뭔가를 받는 것을 간접적으로 나타내는 「〜てもらう(~해 받다)」, 「〜ていただく(~해 받다)」가 있다.

예) 娘の宿題をちょっと手伝って**やった**。★★★
딸의 숙제를 조금 도와주었다.

彼が私を美術館まで案内し**てくれた**。★★★
그가 나를 미술관까지 안내해 주었다.

この問題は鈴木先生が優しく教え**てくださった**。★★★
이 문제는 스즈키 선생님께서 상냥하게 가르쳐 주셨다.

忙しそうに見えたので、彼の仕事を手伝っ**てあげた**。★★★
바빠 보였기 때문에 그의 일을 도와주었다.

友人にカメラを貸し**てもらった**。★★★
친구에게 카메라를 빌렸다.

😊 고득점 비법

「~に~てもらう(~에게 ~해 받다)」는 상대방에게 뭔가를 받는 경우에 사용하는 간접적인 표현인데 이 표현을 직접적인 표현인 「~が~てくれる(~이(가) ~해 주다)」로 바꿀 수 있어야 한다. 예를 들어 「知らない人に道を教えてもらった」라는 문장은 '모르는 사람이 나에게 길을 가르쳐 줘서 그것을 받았다'는 의미인데 이 문장을 직접적인 표현으로 바꾸면 「知らない人が道を教えてくれた」가 된다. 이 때 대상의 조사는 「に」에서 「が」로 바뀐다는 것에 주의하도록 하자.

😄 확인 문제

1. 昨日は妹の課題を手伝って (① やった / ② くれた)。
2. 母は私にいつも美味しい料理を作って (① あげる / ② くれる)。
3. 中村さんは鈴木さんに本を貸して (① あげた / ② くれた)。
4. 風邪で注射を打って (① くれた / ② もらった) ことはまだない。
5. 先生に料理を作って (① もらったら / ② さしあげたら)、とても喜んでくださった。

정답 1.① 2.② 3.① 4.② 5.②

VOCA

예문 娘 딸　宿題 숙제　手伝う 돕다　美術館 미술관　案内する 안내하다　問題 문제　優しい 다정하다, 상냥하다　教える 가르치다　忙しい 바쁘다　동사 ます형/형용사 어간+そうだ　~인 것 같다　見える 보이다　仕事 일　友人 친구　カメラ 카메라　貸す 빌려주다

확인 문제 妹 여동생　課題 과제　料理 요리　風邪 감기　注射を打つ 주사를 놓다　とても 아주, 매우　喜ぶ 기뻐하다

Unit. 17〜20 정리 및 복습하기

주요 조수사

〜枚(まい) 〜장, 〜매	〜台(だい) 〜대	〜本(ほん) 〜자루, 〜개피, 〜병, 〜그루	〜個(こ) 〜개
いちまい 一枚	いちだい 一台	いっぽん 一本	いっこ 一個
にまい 二枚	にだい 二台	にほん 二本	にこ 二個
さんまい 三枚	さんだい 三台	さんぼん 三本	さんこ 三個
よんまい 四枚	よんだい 四台	よんほん 四本	よんこ 四個
ごまい 五枚	ごだい 五台	ごほん 五本	ごこ 五個
ろくまい 六枚	ろくだい 六台	ろっぽん 六本	ろっこ 六個
ななまい 七枚	ななだい 七台	ななほん 七本	ななこ 七個
はちまい 八枚	はちだい 八台	はっぽん 八本	はっこ 八個
きゅうまい 九枚	きゅうだい 九台	きゅうほん 九本	きゅうこ 九個
じゅうまい 十枚	じゅうだい 十台	じゅっぽん 十本	じゅっこ 十個
なんまい 何枚	なんだい 何台	なんぼん 何本	なんこ 何個

～足 ～켤레	～着 ～벌	～頭 ～마리(큰 동물)	～匹 ～마리(작은 동물)
いっそく 一足	いっちゃく 一着	いっとう 一頭	いっぴき 一匹
に そく 二足	に ちゃく 二着	に とう 二頭	に ひき 二匹
さんぞく 三足	さんちゃく 三着	さんとう 三頭	さんびき 三匹
よんそく 四足	よんちゃく 四着	よんとう 四頭	よんひき 四匹
ご そく 五足	ご ちゃく 五着	ご とう 五頭	ご ひき 五匹
ろくそく 六足	ろくちゃく 六着	ろくとう 六頭	ろっぴき 六匹
ななそく 七足	ななちゃく 七着	ななとう 七頭	ななひき 七匹
はっそく 八足	はっちゃく 八着	はっとう 八頭	はっぴき 八匹
きゅうそく 九足	きゅうちゃく 九着	きゅうとう 九頭	きゅうひき 九匹
じゅっそく 十足	じゅっちゃく 十着	じゅっとう 十頭	じゅっぴき 十匹
なんそく 何足	なんちゃく 何着	なんとう 何頭	なんびき 何匹

Unit. 17〜20　정리 및 복습하기

주요 조수사

〜羽(わ) 〜마리(새, 토끼)	〜軒(けん) 〜채	〜部(ぶ) 〜부	〜度(ど) 〜번, 〜도
いちわ 一羽	いっけん 一軒	いちぶ 一部	いちど 一度
にわ 二羽	にけん 二軒	にぶ 二部	にど 二度
さんわ 三羽	さんげん 三軒	さんぶ 三部	さんど 三度
よんわ 四羽	よんけん 四軒	よんぶ 四部	よんど 四度
ごわ 五羽	ごけん 五軒	ごぶ 五部	ごど 五度
ろくわ 六羽	ろっけん 六軒	ろくぶ 六部	ろくど 六度
ななわ 七羽	ななけん 七軒	ななぶ 七部	ななど 七度
はちわ 八羽	はっけん 八軒	はちぶ 八部	はちど 八度
きゅうわ 九羽	きゅうけん 九軒	きゅうぶ 九部	きゅうど 九度
じゅうわ 十羽	じゅっけん 十軒	じゅうぶ 十部	じゅうど 十度
なんわ 何羽	なんけん 何軒	なんぶ 何部	なんど 何度

～倍（ばい） ～배	～秒（びょう） ～초	～分（ふん） ～분	～時（じ） ～시
いちばい 一倍	いちびょう 一秒	いっぷん 一分	いちじ 一時
にばい 二倍	にびょう 二秒	にふん 二分	にじ 二時
さんばい 三倍	さんびょう 三秒	さんぷん 三分	さんじ 三時
よんばい 四倍	よんびょう 四秒	よんぷん 四分	よじ 四時
ごばい 五倍	ごびょう 五秒	ごふん 五分	ごじ 五時
ろくばい 六倍	ろくびょう 六秒	ろっぷん 六分	ろくじ 六時
ななばい 七倍	ななびょう 七秒	ななふん 七分	しちじ 七時
はちばい 八倍	はちびょう 八秒	はっぷん 八分	はちじ 八時
きゅうばい 九倍	きゅうびょう 九秒	きゅうふん 九分	くじ 九時
じゅうばい 十倍	じゅうびょう 十秒	じゅっぷん 十分	じゅうじ 十時
なんばい 何倍	なんびょう 何秒	なんぷん 何分	なんじ 何時

Unit. 17~20 정리 및 복습하기

주요 어휘 및 표현 정리 20

어휘 및 표현	읽는 법	의미
☐ 以上	いじょう	이상
☐ 見上げる	みあげる	올려다보다
☐ 飛ぶ	とぶ	날다
☐ 忙しい	いそがしい	바쁘다
☐ ~そうだ	●	~라고 한다
☐ 草原	そうげん	초원
☐ 引き出し	ひきだし	서랍
☐ 一気に	いっきに	단번에
☐ 洗濯する	せんたくする	세탁하다, 빨래하다
☐ 突然	とつぜん	돌연, 갑자기
☐ 濡れる	ぬれる	젖다
☐ 慣れる	なれる	익숙해지다
☐ 豊かだ	ゆたかだ	풍부하다, 풍족하다
☐ 台所	だいどころ	부엌
☐ 歩道	ほどう	보도, 인도
☐ 歩く	あるく	걷다
☐ 落書き	らくがき	낙서
☐ 優しい	やさしい	다정하다, 상냥하다
☐ 貸す	かす	빌려주다
☐ 喜ぶ	よろこぶ	기뻐하다

복습 문제 10

PART5

❶ 私は友だちの車を借りました。
　Ⓐ 私は友だちに車を返しました
　Ⓑ 私は友だちに車を貸してあげました
　Ⓒ 友だちは私に車を貸してくれました
　Ⓓ 友だちは私に車を貸してもらいました

PART6

❷ 昨日、文房具屋に行って切手2本と封筒2枚を買いました。
　　Ⓐ　　　　Ⓑ　　　　Ⓒ　　　Ⓓ

❸ 誰かが私の財布を拾って交番まで届けてあげました。
　　Ⓐ　　　　Ⓑ　　　Ⓒ　　　Ⓓ

❹ 昨日一緒に行ったレストランは、田中さんが紹介していただきました。
　　　Ⓐ　　　　　　Ⓑ　　　　Ⓒ　　Ⓓ

❺ 会社に入って1年目は本当に大変でしたが、この頃ようやく慣れていきました。
　　Ⓐ　　Ⓑ　　　　　　　　　　Ⓒ　　　　Ⓓ

❻ 立て札に 大きな文字で「えさをやらないでください」と書いていました。
　　Ⓐ　　Ⓑ　　　　　Ⓒ　　　　　　　　　Ⓓ

❼ 家の近くの図書館は、普通朝6時から夜12時まで開いてあります。
　　　Ⓐ　　　　　Ⓑ　　　　Ⓒ　　　　Ⓓ

PART7

❽ 昨日、本屋に行って雑誌を＿＿＿＿買いました。
　Ⓐ 1冊　　Ⓑ 1枚　　Ⓒ 1台　　Ⓓ 1足

❾ 誕生日のプレゼントで友だちからかわいい靴下を＿＿＿＿もらいました。
　Ⓐ 1本　　Ⓑ 1足　　Ⓒ 1着　　Ⓓ 1枚

❿ 昨日撮った写真を先生に送って＿＿＿＿。
　Ⓐ やりました　Ⓑ くれました　Ⓒ くださいました　Ⓓ さしあげました

CHAPTER 2

필수 문형 끝장내기

loading...

앞으로 배울 필수 문형을 미리 살펴보자!

01 ~ませんか	28 ~がほしい	55 ~間(に)
02 ~てください	29 ~てほしい	56 ~ほど ~ない
03 ~に行く	30 ~ことにする	57 ~ところだ
04 ~が好きだ	31 ~ことになる	58 いくら ~でも/ても
05 ~が上手だ	32 ~なしに	59 たとえ ~でも/ても
06 ~た方がいい	33 ~かどうか	60 ~通り(に)
07 ~なければならない	34 ~たい	61 ~やすい
08 ~てもいい	35 ~に/くする	62 ~にくい
09 ~てはいけない	36 ~のに	63 ~(の)おかげで
10 ~ないでください	37 ~(よ)う	64 ~(の)せいで
11 ~の方が ~より	38 ~たばかりだ	65 ~てばかりいる
12 ~の中で ~が一番~	39 ~(の)ため	66 ~ばかりか
13 ~つもりだ	40 ~と ~とどちらが~	67 ~(の)代わりに
14 ~に/くなる	41 ~なくて	68 ~によって
15 ~という	42 ~ないで	69 ~について
16 ~かもしれない	43 ~そうだ1	70 ~に対して
17 ~なさい	44 ~そうだ2	71 ~さえ ~ば
18 ~ばよかった	45 ~(の)ようだ	72 ~べきだ
19 ~とは	46 ~らしい	73 ~たびに
20 なかなか ~ない	47 ~みたいだ	74 ~に限る
21 ~たり ~たりする	48 ~(の)ように	75 ~とは限らない
22 ~たことがある	49 ~(ら)れる	76 ~わけがない
23 ~すぎる	50 ~(さ)せる	77 ~わけではない
24 ~前に	51 ~出す	78 ~わけにはいかない
25 ~てから	52 ~続ける	79 ~次第
26 ~し	53 ~はずだ	80 ~ついでに
27 ~しかない	54 ~うちに	

01 〜ませんか 〜하지 않습니까?, 〜하지 않겠습니까? N5

동사 ます형에 접속해 의문, 확인, 권유 등의 의미를 나타낸다. 권유 표현으로 사용할 때, 비슷한 표현으로「〜ましょう(〜합시다)」,「〜ましょうか(〜할까요?)」등이 있다.

明日、ご都合がよろしければ映画でも見**ませんか**。
내일 상황이 되면 영화라도 보지 않을래요?

お茶でも召し上がり**ませんか**。
차라도 드시지 않겠어요?

02 〜てください 〜해 주십시오 N5

동사 て형에 접속해 의뢰나 부탁의 의미를 나타낸다. 위에서 배운「〜ませんか」를 연결해「〜てくださいませんか(〜해 주지 않겠습니까?)」라고 나타내면 더 정중한 표현이 된다.

ここでちょっと待ってい**てください**。
여기서 잠깐 기다리고 있어 주세요.

このことは内緒にし**てください**。
이 일은 비밀로 해 주세요.

都合 상황, 형편   **よろしい** 좋다(「いい」,「よい」의 격식 차린 말씨)   **映画** 영화   **〜でも** 〜라도   **お茶** 차
召し上がる 드시다   **待つ** 기다리다   **内緒** 비밀   **〜にする** 〜로 하다

03 　~に行く
~하러 가다
N5
🔊 MP3 023

동사 **ます**형이나 「旅行(여행)」, 「散歩(산책)」 등 동작성이 있는 명사에 접속해 '~하러 가다'라는 목적의 의미를 나타낸다. 반대로 「行く(가다)」 대신 「来る(오다)」를 사용해 '~하러 오다'라는 표현도 사용할 수 있다.

⭐ デパートに靴を買い**に行きました**。
　백화점에 구두를 사러 갔어요.

　夏休みには韓国に旅行**に行く**つもりです。
　여름방학에는 한국에 여행하러 갈 생각이에요.

04 　~が好きだ
~을(를) 좋아하다
N5
🔊 MP3 024

뭔가를 좋아함을 나타낼 때 사용하며 앞에 조사는 「が」가 온다는 점에 주의해야 한다. 반대 표현은 「~が嫌いだ(~을(를) 싫어하다)」가 된다.

⭐ 私は日本の音楽**が好き**です。
　저는 일본 음악을 좋아해요.

　私は韓国の料理の中で、キムチ鍋**が好き**です。
　저는 한국 요리 중에서 김치찌개를 좋아해요.

VOCA ⬇

デパート 백화점　**靴** 구두, 신발　**夏休み** 여름방학　**韓国** 한국　**동사 기본형+つもりだ** ~할 생각이다(작정이나 소망)　**音楽** 음악　**~の中で** ~중에서　**キムチ鍋** 김치찌개

2. 필수 문형 꼼꼼내기

05 ～が上手だ N5
～을(를) 잘하다

🔊 MP3 025

뭔가를 잘하거나 능숙하다는 것을 나타낼 때 사용하며 앞에 조사는 「が」가 온다는 점에 주의해야 한다. 비슷한 표현으로는 「～が得意だ(~이(가) 능숙하다)」가 있으며, 반대 표현은 「～が下手だ(~을(를) 잘 못하다)」, 「～が苦手だ(~이(가) 서툴다, 싫어하다)」가 된다.

⭐ 彼は外国語**が上手**です。
그 사람은 외국어를 잘해요.

鈴木さんは文章を書くの**が上手**です。
스즈키 씨는 글을 쓰는 것을 잘해요.

06 ～た方がいい N5
～하는 게 좋다

🔊 MP3 026

동사 た형에 접속해 타인에게 뭔가를 충고할 때 사용한다. 동사 ない형을 활용해 충고할 때는 「～ない方がいい(~하지 않는 게 좋다)」라고 나타내면 된다.

⭐ 肉だけじゃなくて、野菜も食べ**た方がいい**ですよ。
고기뿐만 아니라 채소도 먹는 게 좋아요.

少し仕事は休ん**だ方がいい**です。
조금 일은 쉬는 게 좋아요.

VOCA ⬇

外国語 외국어 **文章** 문장, 글 **書く** 쓰다, 적다 **肉** 고기 **～だけ** ~만, ~뿐 **野菜** 채소
食べる 먹다 **少し** 조금 **仕事** 일 **休む** 쉬다

07 ～なければならない   N5
～하지 않으면 안 된다, ~해야만 한다

동사 ない형에 접속해 '~하지 않으면 안 된다, ~해야만 한다'라는 의미로 반드시 그렇게 해야 하거나 그렇게 하는 것이 당연하다는 의무나 필요를 나타낸다.

 約束したのなら、守らなければならない。
약속한 것이라면 지키지 않으면 안 된다.

1時の電車ですから、そろそろ行かなければなりません。
1시 전철이니까 슬슬 가야만 해요.

08 ～てもいい   N5
～해도 된다

동사 て형에 접속해 허가나 승낙을 나타낸다. 또한 양보의 의미를 가질 수도 있는데 비슷한 표현으로 「～てもかまわない(~해도 상관없다)」가 있다. 또한 동사 ない형에 「～なくてもいい」를 접속하면 '~하지 않아도 된다'라는 의미가 된다.

 ここでタバコを吸ってもいいですか。
여기에서 담배를 피워도 돼요?

2時からは自由に遊んでもいいです。
2시부터는 자유롭게 놀아도 돼요.

VOCA

約束する 약속하다 ～なら ~라면 守る 지키다 電車 전철 そろそろ 슬슬
タバコを吸う 담배를 피우다 ～から ~부터 自由だ 자유롭다 遊ぶ 놀다

09 〜てはいけない
〜해서는 안 된다

N5 MP3 029

동사 て형에 접속해 금지를 나타낸다. 정중한 의문형인 「〜てはいけませんか(〜해서는 안 됩니까?)」는 앞에서 배운 「〜てもいいですか(〜해도 됩니까?)」보다 좀 더 완곡한 표현이 된다.

⭐ ここでタバコを吸っ**てはいけません**。
여기에서 담배를 피워서는 안 돼요.

許可なしにここに入っ**てはいけません**。
허가 없이 여기에 들어와서는 안 돼요.

10 〜ないでください
〜하지 말아 주십시오

N5 MP3 030

동사 ない형에 접속해 어떠한 동작을 하지 말라는 의미로 의뢰나 금지, 주의를 나타낸다.

⭐ 芝生に入ら**ないでください**。
잔디에 들어가지 말아 주세요.

ここでサッカーをし**ないでください**。
여기에서 축구를 하지 말아 주세요.

VOCA ⬇

許可 허가 〜なしに 〜없이 入る 들어가다, 들어오다 芝生 잔디 サッカー 축구

01~10 복습하기

복습 문제 10

PART5

1 この規則は守らなければなりません。
　Ⓐ 守る必要があります　　Ⓑ 守らなくてもいいです
　Ⓒ 守るとは言えません　　Ⓓ 守ってもかまいません

PART6

2 問題を全部 解いた人は目を閉じて待っているでしょう。
　　　　Ⓐ　　Ⓑ　　　　　Ⓒ　　　　Ⓓ

3 先週の週末には息子と一緒に映画を見るに行ってきました。
　　　　　　　Ⓐ　Ⓑ　　　　Ⓒ　　　Ⓓ

4 「出入り禁止」と書いてありますから、ここに入ってはいきません。
　　　Ⓐ　　　　　　　Ⓑ　　　　　　　Ⓒ　　　　Ⓓ

5 室内では禁煙ですので、たばこを 吸わなくてください。
　　　Ⓐ　　Ⓑ　　　Ⓒ　　Ⓓ

PART7

6 彼女は韓国の音楽＿＿＿＿＿好きだそうです。
　Ⓐ と　　Ⓑ へ　　Ⓒ に　　Ⓓ が

7 彼女は歌＿＿＿＿＿とても上手で、羨ましいです。
　Ⓐ に　　Ⓑ が　　Ⓒ を　　Ⓓ と

8 3時間も続けて仕事をしていますから、ちょっと休んだ＿＿＿＿＿がいいですよ。
　Ⓐ 方　　Ⓑ こと　　Ⓒ もの　　Ⓓ ところ

9 鈴木さん、明日ご都合がよろしければ、一緒に海に＿＿＿＿＿。
　Ⓐ 行きました　Ⓑ 行ったことがあります　Ⓒ 行くでしょう　Ⓓ 行きませんか

10 終わった人は先に帰っても＿＿＿＿＿。
　Ⓐ いいです　　Ⓑ ないです　　Ⓒ ありません　　Ⓓ わるいです

11 〜の方(ほう)が 〜より　N5
〜쪽이 〜보다
MP3 031

각각 명사에 접속해 두 가지를 비교하여 말할 때 사용한다.

⭐ このバス**の方が**あのバス**より**早(はや)く着(つ)きます。
이 버스 쪽이 저 버스보다 일찍 도착해요.

金曜日(きんようび)**の方が**水曜日(すいようび)**より**都合(つごう)がいいです。
금요일 쪽이 수요일보다 상황이 좋아요.

12 〜の中(なか)で 〜が一番(いちばん)〜　N5
〜중에서 〜이(가) 가장〜
MP3 032

각각 명사에 접속해 특정한 것이 가장 어떠한지 최상급을 나타낸다.

⭐ 私(わたし)は果物(くだもの)**の中**で、りんご**が一番**好(す)きです。
저는 과일 중에서 사과를 가장 좋아해요.

日本(にほん)の食(た)べ物(もの)**の中**で、納豆(なっとう)**が一番**嫌(きら)いです。
일본 음식 중에서 낫토를 가장 싫어해요.

VOCA ⬇

バス 버스　早(はや)く 일찍, 빨리　着(つ)く 도착하다　金曜日(きんようび) 금요일　水曜日(すいようび) 수요일　都合(つごう) 상황, 형편　果物(くだもの) 과일
りんご 사과　好(す)きだ 좋아하다　納豆(なっとう) 낫토(콩을 발효시켜 만든 일본 음식)　嫌(きら)いだ 싫어하다

13	**~つもりだ**	N5
	~할 생각이다	MP3 033

동사 기본형에 접속해 말하는 사람의 작정이나 희망, 소망을 나타낸다.
비슷한 표현으로 「~予定だ(~할 예정이다)」가 있다.

⭐ 来年の夏日本に行く**つもりです**。
　내년 여름에 일본에 갈 생각이에요.

　私は今度の日曜日に映画を見に行く**つもりです**。
　저는 이번 일요일에 영화를 보러 갈 생각이에요.

14	**~に/くなる**	N5
	~이(가) 되다, ~해지다	MP3 034

명사에 「~になる」가 접속하면 '~이(가) 되다'라는 의미가 되며 형용사의 부사형(い형용사는 「~く」, な형용사는 「~に」)에 「なる」가 접속하면 '~해지다'라는 의미로 상태의 변화를 나타낸다.

⭐ 彼は一生懸命勉強して弁護士**になりました**。
　그 사람은 열심히 공부해서 변호사가 되었어요.

　今日は昨日より暖か**くなりました**。
　오늘은 어제보다 따뜻해졌어요.

VOCA ⬇

来年 내년　夏 여름　日曜日 일요일　映画 영화　**동사 ます형/동작성 명사+に行く** ~하러 가다
一生懸命 열심히　勉強する 공부하다　弁護士 변호사　~より ~보다　暖かい 따뜻하다

103

15 〜という
〜라고 하는

N4
🔊 MP3 035

명사와 명사 사이에 사용하여 전해 들은 말이나 인용을 나타낸다.

⭐ 「すきやき」という食(た)べ物(もの)は、まだ食(た)べたことがありません。
  '스키야키'라는 음식은 아직 먹은 적이 없어요.

鈴木(すずき)さんは「神田川(かんだがわ)」という歌(うた)を知(し)っていますか。
스즈키 씨는 '간다가와'라고 하는 노래를 알고 있나요?

16 〜かもしれない
〜할지도 모른다

N4
🔊 MP3 036

불확실함을 나타내며 앞에는 「もしかしたら(어쩌면)」나 「ひょっとしたら(어쩌면)」 등의 부사가 자주 온다.

⭐ 今度(こんど)の旅行(りょこう)、山田君(やまだくん)も参加(さんか)するかもしれない。
  이번 여행, 야마다 군도 참가할지도 몰라.

もしかしたら明日(あした)東京(とうきょう)に行(い)くかもしれません。
어쩌면 내일 도쿄에 갈지도 몰라요.

VOCA ⬇

すきやき 스키야키(일본의 전골요리)　食(た)べ物(もの) 음식　まだ 아직　食(た)べる 먹다
동사 た형+たことがない 〜한 적이 없다(과거의 경험)　歌(うた) 노래　知(し)る 알다　旅行(りょこう) 여행　参加(さんか)する 참가하다

17 ～なさい
～하세요

N4

🔊 MP3 037

동사 ます형에 접속해 명령을 나타낼 때 사용한다. 명령하는 표현이기 때문에 윗사람에게는 사용할 수 없다.

⭐ 自分のことは自分でし**なさい**。
자기 일은 스스로 하세요.

もうすぐ試験が始まるから、静かにし**なさい**。
이제 곧 시험이 시작되니까 조용히 하세요.

18 ～ばよかった
～하면 좋았다

N4

🔊 MP3 038

동사 가정형에 접속해 그렇게 하지 못했던 것을 후회하거나 원망, 유감의 기분을 나타낼 때 사용한다. 뒷부분에「～のに」가 오면 '～을 텐데' 정도로 해석하면 된다.

⭐ その時、私も一緒に行け**ばよかった**。
그때 나도 함께 갔으면 좋았다.

鼻水が出た時、風邪薬を飲め**ばよかった**のに。
콧물이 날 때 감기약을 먹으면 좋았을 텐데.

VOCA ⬇

自分で 스스로 **もうすぐ** 이제 곧 **試験** 시험 **始まる** 시작되다 **静かだ** 조용하다 **一緒に** 함께
鼻水が出る 콧물이 나다 **風邪薬を飲む** 감기약을 먹다

19 ～とは   N4
～라고 하는 것은, ～하다니

MP3 039

뭔가에 대해 정의를 내리거나 인용을 나타낼 때, 혹은 놀랐을 때 사용한다.

⭐ 彼にとって家族**とは**一体何だったのでしょうか。
그 사람에게 있어서 가족이란 도대체 뭐였을까요?

彼女がそんな怪我をする**とは**、本当に驚きました。
그녀가 그런 부상을 당하다니 정말 놀랐어요.

20 なかなか ～ない   N4
좀처럼 ～하지 않다

MP3 040

동사 ない형에 접속해 좀처럼 그런 경우가 없음을 나타낸다. 이 때 부사 「なかなか」는 '좀처럼'이라는 의미로 사용되는데 비슷한 표현으로 「滅多に ～ない(좀처럼 ～하지 않다)」가 있다. 그러나 「なかなか」는 긍정문과 부정문에서 모두 쓸 수 있지만 「滅多に」는 부정문에서만 쓸 수 있다.

⭐ 彼は時間になっても**なかなか**準備を始め**ない**。
그 사람은 시간이 다 되어도 좀처럼 준비를 시작하지 않는다.

タバコは止めようと思っても、**なかなか**止められ**ない**。
담배는 끊어야지라고 생각해도 좀처럼 끊을 수 없다.

VOCA ⬇

家族 가족 一体 도대체 怪我をする 부상을 당하다, 다치다 本当に 정말로, 정말 驚く 놀라다
準備 준비 始める 시작하다 タバコ 담배 止める 그만두다, 끊다

11~20 복습하기

복습 문제 10

1 3月に入って天気もだんだん暖かくになりましたね。
　　Ⓐ　　　Ⓑ　　Ⓒ　　Ⓓ

2 山田さんは日本の食べ物の中に、何が一番好きですか。
　　　　　　　Ⓐ　　　Ⓑ　Ⓒ　Ⓓ

3 彼はもうすぐ試験なので、明日は図書館に行って勉強しているかもしらない。
　　　Ⓐ　　　　　Ⓑ　　　　Ⓒ　　　　　　　Ⓓ

4 体の調子があまりよくない時に、この薬を飲んでよかったのに。
　　Ⓐ　Ⓑ　　　　　　　　　　Ⓒ　　　　Ⓓ

5 医者にお酒は駄目だと言われましたが、かなり止められません。
　　Ⓐ　　　Ⓑ　　Ⓒ　　　Ⓓ

6 子供_____いうものはかわいいものです。
　　Ⓐ に　　Ⓑ から　　Ⓒ に　　Ⓓ と

7 彼の方が私_____背が高いです。
　　Ⓐ まで　　Ⓑ から　　Ⓒ より　　Ⓓ ばかり

8 明日は図書館に行って_____つもりです。
　　Ⓐ 勉強して　　Ⓑ 勉強する　　Ⓒ 勉強した　　Ⓓ 勉強しよう

9 怒らないから、お父さんに正直に_____。
　　Ⓐ 言います　Ⓑ 言ったでしょう　Ⓒ 言うことがあります　Ⓓ 言いなさい

10 彼がそんな行動をする_____、到底信じられませんでした。
　　Ⓐ では　　Ⓑ へは　　Ⓒ とは　　Ⓓ には

21 ～たり ～たりする
～하거나 ～하거나 하다

N4
🔊 MP3 041

동사 た형에 접속해 어떤 동작이나 상태의 내용을 열거할 때 사용한다.

⭐ 昨日は家で本を読んだりテレビを見たりしました。
어제는 집에서 책을 읽거나 텔레비전을 보거나 했어요.

夏休みには山に登ったり海に泳ぎに行ったりしました。
여름방학에는 산에 오르거나 바다에 수영하러 가거나 했어요.

22 ～たことがある
～한 적이 있다

N4
🔊 MP3 042

동사 た형에 접속해 과거의 경험을 나타낸다. 반대 표현은 「～たことがない(~한 적이 없다)」가 된다.

⭐ 鈴木さんは海外旅行をしたことがありますか。
스즈키 씨는 해외여행을 한 적이 있나요?

中村さんはヨーロッパに行ったことがあります。
나카무라 씨는 유럽에 간 적이 있어요.

VOCA ⬇

本を読む 책을 읽다　テレビを見る 텔레비전을 보다　夏休み 여름방학　山に登る 산에 오르다　海 바다
泳ぐ 수영하다　동사 ます형/동작성 명사+に行く ~하러 가다　海外旅行 해외여행　ヨーロッパ 유럽

23 〜すぎる

너무 〜하다

N4

MP3 043

동사 ます형이나 형용사의 어간에 접속해 정도의 심함이나 지나침을 나타낸다.

⭐ これは質のわりに高**すぎます**。
이건 질에 비해 너무 비싸요.

昨日は食べ**すぎて**しまいました。
어제는 과식해 버렸어요.

24 〜前に

〜하기 전에

N4

MP3 044

동사 기본형에 접속해 시간적인 앞, 이전을 나타낸다. 또한 동사 ない형에 「うち」를 접속한 「〜ないうちに(〜하기 전에)」와 비슷한 의미로 쓸 수 있다.

⭐ 日が沈む**前に**帰りましょう。
해가 지기 전에 돌아가요.

忘れる**前に**メモしておきましょう。
잊기 전에 메모해 두어요.

VOCA ⬇

質 질　〜のわりに 〜에 비해　高い 높다, 비싸다　食べる 먹다　동사 て형+てしまう 〜해 버리다(완료)
日が沈む 해가 지다　帰る 돌아가다, 돌아오다　忘れる 잊다　メモする 메모하다　동사 て형+ておく
〜해 두다(준비)

25 ~てから   N4
~하고 나서, ~한 후에

동사 て형에 접속해 어떤 일을 하고 다음 일이 이어짐을 나타낸다.

⭐ 예) これは彼に会っ**てから**決めた方がいいと思います。
이건 그 사람을 만나고 나서 결정하는 게 좋다고 생각해요.

部屋の掃除をし**てから**シャワーを浴びました。
방 청소를 한 후에 샤워를 했어요.

26 ~し   N4
~이고, ~하고

종지형에 접속해 여러 가지 사항을 열거할 때 사용한다. 앞에 명사가 올 때는 「명사+だし」의 형태가 된다는 점에 주의해야 한다.

⭐ 예) あの店はきれいだ**し**、味もいいです。
저 가게는 깨끗하고 맛도 좋아요.

彼は背が高い**し**、それに性格もいいです。
그 사람은 키가 크고 게다가 성격도 좋아요.

VOCA ⬇

~に会う ~을(를) 만나다   決める 결정하다   部屋 방   掃除 청소   シャワーを浴びる 샤워를 하다
店 가게   きれいだ 깨끗하다, 예쁘다   味 맛   背が高い 키가 크다   それに 게다가   性格 성격

27 ~しかない
~할 수밖에 없다   N4

🎧 MP3 047

동사 기본형에 접속해 어쩔 수 없이 그렇게 해야 함을 나타낸다.

⭐ こうなった以上、諦める**しかない**。
이렇게 된 이상 체념할 수밖에 없다.

この仕事は私が直接行って解決する**しかない**。
이 일은 내가 직접 가서 해결할 수밖에 없다.

28 ~がほしい
~을(를) 갖고 싶다, ~을(를) 원하다   N4

🎧 MP3 048

자신이 뭔가를 소유하고 싶을 때 사용하며 앞에 조사는 「が」가 온다는 점에 주의해야 한다.
「ほしい」의 동사형 「ほしがる」는 「~をほしがる(~을(를) 갖고 싶어 하다)」와 같이 나타낸다.

⭐ 新しいコンピューター**がほしい**です。
새 컴퓨터를 갖고 싶어요.

日本語の電子辞書**がほしい**です。
일본어 전자사전을 갖고 싶어요.

VOCA ⬇

以上 이상	諦める 체념하다, 포기하다	仕事 일	直接 직접	解決する 해결하다	新しい 새롭다
コンピューター 컴퓨터	電子辞書 전자사전			

29 ~てほしい   N4
~해 주었으면 한다
MP3 049

동사 て형에 접속해 상대방이 그렇게 해 주길 바랄 때 사용한다. 이 때 대상의 조사는 「に」가 된다.

예 これは私より君にやって**てほしい**。
이건 나보다 당신이 해 주었으면 해.

もう何も言わない**でほしい**です。
이제 아무 것도 말하지 않았으면 해요.

30 ~ことにする   N4
~하기로 하다
MP3 050

동사 보통형에 접속해 주체의 의지로 어떤 일을 하기로 결정함을 나타낸다.

예 来年、日本に留学する**ことにしました**。
내년에 일본에 유학하기로 했어요.

明日から運動する**ことにしました**。
내일부터 운동하기로 했어요.

VOCA

~より ~보다   君 당신   やる 하다   もう 이제, 이미, 벌써   留学する 유학하다   明日 내일
~から ~부터   運動する 운동하다

21〜30　복습하기

복습 문제 10

PART6

❶ 今度の冬休みはスキーを<u>したり</u>実家に<u>帰って</u>遊<u>んだり</u>いながら<u>過ごす</u>つもりです。
　　　　　　　　　　　　　Ⓐ　　　　　Ⓑ　　　　　　Ⓒ　　　　Ⓓ

❷ <u>外国</u>に<u>一度</u>も<u>行く</u>ことがないという彼女の話は、<u>きっと</u>嘘でしょう。
　　Ⓐ　　　Ⓑ　　Ⓒ　　　　　　　　　　　Ⓓ

❸ <u>美味しそうな</u>おでんですが、<u>熱い</u><u>すぎて</u> <u>食べられません</u>。
　　　Ⓐ　　　　　　　　Ⓑ　　Ⓒ　　　　　Ⓓ

❹ 作った<u>ばかりの</u>料理です<u>ので</u>、<u>冷めない</u>前に早く<u>召し上がって</u>ください。
　　　　　Ⓐ　　　　　　Ⓑ　　　Ⓒ　　　　　　Ⓓ

❺ 彼女は<u>きれいし</u>、<u>それに</u>性格も<u>いいから</u>男の人に人気が<u>あります</u>。
　　　　　Ⓐ　　　　Ⓑ　　　　　Ⓒ　　　　　　　　　Ⓓ

❻ 君の<u>専門分野</u>だから、<u>この</u>仕事は君<u>に</u>やって<u>いたい</u>。
　　　Ⓐ　　　　　Ⓑ　　　　　Ⓒ　　　　Ⓓ

PART7

❼ いつも休日には掃除を_____洗濯をしています。
　Ⓐ してから　　Ⓑ しても　　Ⓒ するには　　Ⓓ しようとして

❽ 誕生日のプレゼントには、かわいい服が_____。
　Ⓐ すきです　　Ⓑ きらいです　　Ⓒ ほしいです　　Ⓓ したいです

❾ こうなってしまったから、もう諦める_____ない。
　Ⓐ だけ　　Ⓑ しか　　Ⓒ ぐらい　　Ⓓ ばかり

❿ 最近、ちょっと太ったので、明日から運動をする_____。
　Ⓐ ことにした　　Ⓑ ことにきた　　Ⓒ ことがあった　　Ⓓ ことがなかった

31 ～ことになる　N4
～하게 되다

MP3 051

어떤 일의 변화나 주체의 의지와는 상관없이 결정됨을 나타낸다. 주체의 의지로 결정한 것이라도 「結婚することになりました(결혼하게 되었어요)」처럼 완곡하게 말할 때도 사용한다.

⭐ 今度の出張は中村さんが行く**ことになりました**。
　이번 출장은 나카무라 씨가 가게 되었어요.

　今度の事故をきっかけに、彼もこの運動に参加する**ことになりました**。
　이번 사고를 계기로 그 사람도 이 운동에 참가하게 되었어요.

32 ～なしに　N4
～없이, ～하지 않고

MP3 052

명사에 그대로 접속해 어떤 일을 하는 경우가 없음을 나타낸다. 강조의 의미가 수반되는 경우에는 명사와 「なしに」 사이에 조사 「も」가 삽입되어 「명사＋も＋なしに」의 형태가 된다.

⭐ あのチームは練習も**なしに**試合に出たから、負けてしまった。
　저 팀은 연습도 없이 시합에 나갔기 때문에 져 버렸다.

　今まで一度も借金**なしに**生きてきました。
　지금까지 한 번도 빚 없이 살아 왔어요.

VOCA ⬇

出張 출장　事故 사고　～をきっかけに ～을(를) 계기로　運動 운동　参加する 참가하다
チーム 팀　練習 연습　試合に出る 시합에 나가다　負ける 지다, 패하다　今まで 지금까지
一度も 한 번도　借金 빚　生きる 살다

33 ～かどうか
~인지 아닌지, ~일지 어떨지

N4
MP3 053

어떤 일의 실현 여부나 적합성 여부를 나타낼 때 사용하며 '~인지'와 같이 단순한 의문을 나타낼 때는 「どうか」를 붙이지 않고 「~か」로 나타낸다.

☆ 明日のパーティーに彼が来る**かどうか**よくわかりません。
  내일 파티에 그 사람이 올지 안 올지 잘 모르겠어요.

  今行った方がいい**かどうか**迷っています。
  지금 가는 게 좋을지 어떨지 망설이고 있어요.

34 ～たい
~하고 싶다

N4
MP3 054

동사 ます형에 접속해 말하는 사람의 희망을 나타낸다.

☆ 明日は家でゆっくり過ごし**たい**です。
  내일은 집에서 느긋하게 보내고 싶어요.

  今度の旅行に私も一緒に行き**たい**です。
  이번 여행에 저도 함께 가고 싶어요.

VOCA ⬇

パーティー 파티　来る 오다　よく 잘, 자주　わかる 알다, 이해하다　迷う 망설이다　ゆっくり 느긋하게, 천천히　過ごす 지내다, 보내다　旅行 여행　一緒に 함께

35 ～に/くする

～로 하다, ～하게 하다

N4
MP3 055

명사에 「～にする」가 접속하면 '～로 하다'라는 의미가 되며 형용사의 부사형(い형용사는 「～く」, な형용사는 「～に」)에 「する」가 접속하면 '～하게 하다'라는 의미로 어떤 행위나 형태로 바꿈을 나타낼 때 사용한다.

⭐ 彼は全然私を相手**にして**くれませんでした。
   그 사람은 전혀 저를 상대해 주지 않았어요.

　ちょっと寒いから、暖房をつけて暖か**くして**ください。
　조금 추우니까 난방을 켜서 따뜻하게 해 주세요.

36 ～のに

～하는 것에, ～하는 데에

N4
MP3 056

형식명사 「の(～것)」에 조사 「～に(～에)」가 붙은 말로, 어떤 용도나 사용처 등을 나타낼 때 사용한다.

⭐ 車を買う**のに**必要な書類はこれだけですか。
   자동차를 사는 데 필요한 서류는 이것뿐인가요?

　そこまで行く**のに**そんなに時間がかかるとは思いませんでした。
　그곳까지 가는 데 그렇게 시간이 걸릴 거라고는 생각지 못했어요.

VOCA ⬇

全然 전혀　相手 상대　동사 て형+てくれる ～해 주다(남이 나나 나와 관계된 사람에게)　寒い 춥다
暖房をつける 난방을 켜다　暖かい 따뜻하다　必要だ 필요하다　書類 서류　～だけ ～만, ～뿐
時間がかかる 시간이 걸리다

37 ~(よ)う   N4
~하자, ~해야지

MP3 057

동사의 의지형으로 희망이나 의지, 권유를 나타낼 때 사용한다. 주로 뒤에 「~と思う(~하려고 생각한다)」, 「~とする(~하려고 한다)」와 같은 의지 표현이 온다.

⭐ もう時間だから、そろそろ**行こう**。
이제 시간이 되었으니 슬슬 가자.

冷めないうちに、さっさと**食べよう**。
식기 전에 후딱 먹자.

38 ~たばかりだ   N4
막 ~했다, 방금 ~했다

MP3 058

동사 た형에 접속해 어떤 행동을 한지 얼마 되지 않았음을 나타낸다. 비슷한 의미의 표현인 「~たところだ(막 ~했다, 방금~했다)」는 누가 보더라도 직후인 경우에 사용하고 「~たばかりだ」는 말하는 사람이 느끼기에 얼마 되지 않았다고 느끼면 언제든지 사용할 수 있다.

⭐ これは昨日買っ**たばかり**の本です。
이건 어제 막 산 책이에요.

コーヒーならさっき飲ん**だばかり**なので、大丈夫です。
커피라면 방금 막 마셨으니까 괜찮아요.

VOCA ⬇

もう 이제, 이미, 벌써   **時間** 시간   **そろそろ** 슬슬   **冷める** 식다   **동사 ない형+ないうちに** ~하기 전에
さっさと 냉큼, 후딱   **昨日** 어제   **コーヒー** 커피   **さっき** 방금, 조금 전에   **大丈夫だ** 괜찮다

39 ～(の)ため   N4
～때문에, ～을(를) 위해

MP3 059

원인이나 이유, 목적을 나타낼 때 사용하며, 「～(の)ために」의 형태로도 쓰인다.

⭐ 事故**のため**、電車が遅れているそうです。
사고 때문에 전철이 늦어지고 있다고 해요.

健康になる**ため**、毎日運動をしています。
건강해지기 위해 매일 운동을 하고 있어요.

40 ～と ～とどちらが～   N4
～와(과) ～중 어느 쪽이~

MP3 060

어떤 두 가지 대상을 비교하여 질문할 때 사용한다. 참고로 세 가지 이상을 비교하여 질문할 때는 「～と ～と～の中でどれが～(～와(과) ～와(과) ～중에서 어느 것이～)」의 형태로 나타낸다.

⭐ 鈴木さんは肉**と**魚**とどちらが**好きですか。
스즈키 씨는 고기와 생선 중 어느 쪽을 좋아하나요?

日本**と**韓国**とどちらが**人口が多いですか。
일본과 한국 중 어느 쪽이 인구가 많나요?

VOCA ⬇

事故 사고　電車 전철　遅れる 늦다　동사 기본형+そうだ ～라고 한다(전해들은 말)　健康だ 건강하다
運動 운동　肉 고기　魚 생선　好きだ 좋아하다　韓国 한국　人口 인구　多い 많다

118

31~40 복습하기

복습 문제 10

PART 6

① この試験のために彼が<u>どのぐらい</u> <u>頑張った</u>のか<u>どうか</u>私はよく<u>わかっています</u>。
　　　　　　　　Ⓐ　　　　Ⓑ　　　　　Ⓒ　　　　　　Ⓓ

② 風邪を予防する<u>には</u>、体を<u>温かく</u>にして早く<u>寝た</u>方が<u>いい</u>ですよ。
　　　　　　Ⓐ　　　　　Ⓑ　　　　　Ⓒ　　　Ⓓ

③ 彼は<u>有名な</u>大学<u>に</u>受かる<u>ばかりに</u>、朝から<u>晩まで</u>勉強しています。
　　　Ⓐ　　　Ⓑ　　　Ⓒ　　　　　　Ⓓ

④ 課のみんなの<u>協力</u>なし<u>も</u>今度の仕事は成功<u>できなかった</u>と<u>思います</u>。
　　　　　Ⓐ　　　Ⓑ　　　　　　　Ⓒ　　　　Ⓓ

⑤ 申込書を書く<u>ので</u>時間が<u>かかって</u>しまい、<u>期限内</u>に<u>出す</u>ことができませんでした。
　　　　　Ⓐ　　　　Ⓑ　　　　　Ⓒ　Ⓓ

PART 7

⑥ キムさんはすしとさしみと_____が好きですか。
　　Ⓐ どこ　　Ⓑ どれ　　Ⓒ どちら　　Ⓓ どなた

⑦ この本、今日中に全部読んで_____。
　　Ⓐ しまった　　Ⓑ しまおう　　Ⓒ しまっても　　Ⓓ しまい

⑧ 給料のいい会社に_____たいです。
　　Ⓐ 入り　　Ⓑ 入って　　Ⓒ 入る　　Ⓓ 入った

⑨ これは昨日デパートに行って_____ばかりの服です。
　　Ⓐ 買い　　Ⓑ 買う　　Ⓒ 買った　　Ⓓ 買おう

⑩ 今度の海外出張は鈴木さんが_____。
　　Ⓐ 行ったことがあります　　Ⓑ 行きたくありません
　　Ⓒ 行きましょう　　Ⓓ 行くことになりました

41 ～なくて
～하지 않아서 **N4** MP3 061

동사 ない형에 접속해 원인이나 이유를 나타내며 뒤에는 주로 자동사나 가능형, 감정을 나타내는 형용사가 온다.

⭐ 예 朝から何も食べて**なくて**お腹がぺこぺこです。
아침부터 아무것도 먹지 않아서 몹시 배가 고파요.

なかなか電車が来**なくて**バスで行くことにしました。
좀처럼 전철이 오지 않아서 버스로 가기로 했어요.

42 ～ないで
～하지 않고, ～하지 말고 **N4** MP3 062

동사 ない형에 접속해 병렬 관계를 나타내며 어떤 내용을 연결해서 말할 때 사용한다. 비슷하지만 좀 더 문어체적인 표현으로 「～ずに」가 있다.

⭐ 예 彼は10年前の約束を忘れ**ないで**覚えていてくれました。
그 사람은 10년 전의 약속을 잊지 않고 기억하고 있어 주었어요.

忙しい時には朝ご飯を食べ**ないで**出勤することもあります。
바쁠 때는 아침을 먹지 않고 출근하는 경우도 있어요.

VOCA ⬇

朝 아침　お腹 배　ぺこぺこ 몹시 배가 고픈 모양　なかなか 좀처럼, 상당히　電車 전철　バス 버스
～ことにする ～하기로 하다(결정)　約束 약속　忘れる 잊다　覚える 외우다, 기억하다　忙しい 바쁘다
朝ご飯 아침식사　出勤する 출근하다

43 ～そうだ 1　　N4
～인 것 같다

🎧 MP3 063

동사 ます형이나 형용사의 어간에 접속해 눈으로 보고 예상하거나 순간적인 판단을 내릴 때 사용한다. 명사에는 접속할 수 없다.

⭐ 今にも雨が降り**そうです**。
금방이라도 비가 내릴 것 같아요.

テーブルの上のりんごはとても美味し**そうです**。
테이블 위에 있는 사과는 아주 맛있을 것 같아요.

44 ～そうだ 2　　N4
～라고 한다

🎧 MP3 064

동사 기본형이나 형용사의 기본형 등에 접속해 전해들은 말을 나타낼 때 사용한다.
명사에 접속할 경우「명사+だ」의 형태가 된다.「～によると(～에 의하면, ～에 따르면)」등과 같이 정보의 출처를 밝히는 표현과 함께 쓰인다.

⭐ 今年の夏は暑い**そうです**。
올해 여름은 덥다고 해요.

天気予報によると、明日から雨が降る**そうです**。
일기예보에 의하면 내일부터 비가 내린다고 해요.

VOCA ⬇

今にも 금방이라도　**雨が降る** 비가 내리다　**テーブル** 테이블　**りんご** 사과　**とても** 아주, 매우
美味しい 맛있다　**今年** 올해　**夏** 여름　**暑い** 덥다　**天気予報** 일기예보　**～によると** ～에 의하면, ～에 따르면

45 ～(の)ようだ　　N4
～인 것 같다

MP3 065

말하는 사람의 주관적인 판단이나 추측을 나타낸다. 명사에 접속할 경우 「명사+の+ようだ」가 되며, 형용사, 동사는 연체형에 접속한다.

⭐ 彼の心はまるで氷**のようです**。
　그 사람의 마음은 마치 얼음 같아요.

　最近、風邪が流行っている**ようです**。
　최근 감기가 유행하고 있는 것 같아요.

46 ～らしい　　N4
～인 것 같다, ～답다

MP3 066

조동사로 사용되면 '～인 것 같다'라는 의미를 가지는데 「～(の)ようだ」보다 객관적인 근거를 둔 판단을 할 때 사용된다. 접미사로 사용되면 '～답다'라는 의미를 나타낸다.

⭐ 今日は朝から雨が降る**らしい**ですね。
　오늘은 아침부터 비가 내릴 것 같네요.

　彼は本当に男**らしい**人です。
　그 사람은 정말 남자다운 사람이에요.

VOCA ⬇

心 마음　まるで 마치　氷 얼음　最近 최근　風邪 감기　流行る 유행하다　朝 아침　本当に 정말, 정말로
男 남자

47 ～みたいだ
~인 것 같다

N4

🔊 MP3 067

'~인 것 같다'라는 의미로 회화체에서 주로 사용된다. 의미나 용법은「~(の)ようだ」와 유사하다. 다만 명사에 접속할 경우「~(の)ようだ」는「명사+の+ようだ」가 되지만「~みたいだ」는 명사 뒤에 바로 접속해「명사+みたいだ」의 형태가 된다.

⭐ 最近、目がちょっと悪くなった**みたいだ**。
   최근 눈이 좀 나빠진 것 같다.

　　彼が撮った写真はまるで絵**みたいだ**。
   그 사람이 찍은 사진은 마치 그림 같다.

---

48 ～(の)ように
~처럼, ~하도록

N4

🔊 MP3 068

명사에 접속하면 비유를 나타내고 동사 기본형이나 **ない**형에 접속하면 '~하도록'이나 '~하지 않도록'과 같이 목적이나 지시를 나타낸다.

⭐ 湖に映っている月は絵**のように**美しかったです。
   호수에 비치고 있는 달은 그림처럼 아름다웠어요.

　　風邪を引かない**ように**、気を付けてください。
   감기에 걸리지 않도록 조심하세요.

VOCA ⬇

目 눈　ちょっと 조금, 좀　悪い 나쁘다, 안 좋다　撮る 찍다, 촬영하다　写真 사진　絵 그림　湖 호수
映る 비치다　月 달　美しい 아름답다　風邪を引く 감기에 걸리다　気を付ける 조심하다

49　～(ら)れる　N4
～하게 되다, ~당하다

MP3 069

동사의 수동형으로 뭔가를 당함을 나타낸다. 동작을 하는(행위를 가하는) 대상 뒤에는 조사 「に」나 「～によって(~에 의해)」가 온다.

⭐예　雨に降られてびしょ濡れになってしまいました。
　　　비를 맞아서 흠뻑 젖어 버렸어요.

　　　列に並んでいたのに、あるおばさんに割り込まれてしまいました。
　　　줄을 서고 있었는데 어느 아주머니에게 새치기를 당해 버렸어요.

50　～(さ)せる　N4
～하게 시키다

MP3 070

동사의 사역형으로 뭔가를 시킴을 나타낸다. 기본 문장에서 사역문이 될 때 동작을 하는(시킴을 당하는) 대상은 자동사일 때 조사 「を」가 오고 타동사일 때 조사 「に」가 된다.

⭐예　そこまで子供を一人で行かせるのはちょっと心配です。
　　　그곳까지 아이를 혼자서 가게 하는 건 조금 걱정이에요.

　　　これを1時間以内に覚えさせるのは無理です。
　　　이걸 1시간 이내에 외우게 하는 건 무리예요.

VOCA ⬇

雨に降られる 비를 맞다　**びしょ濡れ** 흠뻑 젖음　**列に並ぶ** 줄을 서다　**～のに** ~인데도, ~이지만(역접)
おばさん 아주머니　**割り込む** 끼어들다, 새치기하다　**一人で** 혼자서　**心配** 걱정, 염려　**以内** 이내
覚える 외우다, 기억하다　**無理** 무리

41~50 복습하기

복습 문제 10

PART5

❶ その発言は、本当に中村さんらしいです。
　Ⓐ 中村さんでしょう　　　　　　Ⓑ 中村さんとは関係がありません
　Ⓒ 中村さんがやりそうなことです　Ⓓ 中村さんに言わせます

❷ そんなに慌てずに、もうちょっと落ち着いてください。
　Ⓐ 慌てないで　Ⓑ 慌てなくて　Ⓒ 慌てても　Ⓓ 慌てようと

PART6

❸ 今にも雨が降るそうな天気ですから、早く片付けて家に帰りましょう。
　　Ⓐ　　　Ⓑ　　　　　　　　　　　Ⓒ　　Ⓓ

❹ 朝寝坊をしてしまった日には、朝ご飯を食べなくて出勤することもあります。
　　　　　Ⓐ　　　Ⓑ　　　　　Ⓒ　　　　　Ⓓ

❺ 朝から熱が出るし、咳も止まりません。どうやら風邪を引いてしまったものです。
　　　　Ⓐ　　　Ⓑ　　Ⓒ　　　　　　　　　　　Ⓓ

❻ この間彼女がかけたパーマは、まるでインスタントラーメンのみたいだった。
　　　Ⓐ　　　Ⓑ　　　　Ⓒ　　　　　　　　　Ⓓ

❼ 家の隣に新しい家が建てさせて日当たりが悪くなってしまいました。
　　Ⓐ　　　　　Ⓑ　　　　　Ⓒ　　　Ⓓ

PART7

❽ 彼はまるで見たかの_____その映画について話していました。
　Ⓐ ようも　　Ⓑ ようだし　　Ⓒ ように　　Ⓓ ようで

❾ ニュース速報によると、津波の心配は_____そうです。
　Ⓐ ない　　Ⓑ なく　　Ⓒ なくて　　Ⓓ なくても

❿ 彼はいつも面白い冗談を言ってみんなを_____。
　Ⓐ 笑います　　Ⓑ 笑われます　　Ⓒ 笑いました　　Ⓓ 笑わせます

51 ～出す
～하기 시작하다　　N4

동사 ます형에 접속해 '～하기 시작하다'라는 의미로 동작이 갑자기 시작될 경우에 사용한다.
따라서 앞에 「突然(돌연, 갑자기)」이나「急に(갑자기)」등과 같은 부사가 자주 온다.

예) 止まっていた車が突然動き**出した**。
　　멈춰서 있던 자동차가 갑자기 움직이기 시작했다.

予報では晴れると言ったのに、急に雨が降り**出した**。
예보에서는 맑다고 했는데도 갑자기 비가 내리기 시작했다.

52 ～続ける
계속 ～하다　　N4

동사 ます형에 접속해 '계속 ～하다'라는 의미로 어떤 동작이 계속됨을 나타낸다.

예) 私は今でも迷い**続けて**います。
　　저는 지금도 계속 망설이고 있어요.

この仕事をこれからもし**続ける**のはもう無理です。
이 일을 앞으로도 계속 하는 것은 이제 무리예요.

VOCA

止まる 멈춰서다　**突然** 돌연, 갑자기　**動く** 움직이다　**予報** 예보　**晴れる** 맑다, 개다
急に 갑자기　**今でも** 지금도　**迷う** 망설이다　**仕事** 일　**これからも** 앞으로도　**もう** 이제, 이미, 벌써
無理 무리

53 ～はずだ ～일 터이다, ～일 것이다   N4
MP3 073

어떤 사실이 당연하거나 필연적일 때, 혹은 그것을 납득했을 경우 사용한다. 납득의 의미로 쓸 때 비슷한 표현으로 「～わけだ(～인 것이 당연하다)」가 있다.

예) 電車はもうすぐ来る**はずです**。
전철은 이제 곧 올 거예요.

1時間前に出発したから、もう着いた**はずです**。
1시간 전에 출발했으니까 벌써 도착했을 거예요.

54 ～うちに ～하는 동안에, ～하는 사이에   N4
MP3 074

전후가 한정된 시간 동안 상태가 계속됨을 나타낸다. 동사 ない형에 접속하는 「～ないうちに」는 '이 한정된 시간 내가 아니면'이란 의미로 ～하기 전에'가 된다.

예) 太陽が出ている**うちに**洗濯をしましょう。
해가 떠 있는 동안에 세탁을 하죠.

明るい**うちに**そろそろ帰りましょう。
밝을 동안에 슬슬 돌아가요.

VOCA
電車 전철 もうすぐ 이제 곧 来る 오다 出発する 출발하다 着く 도착하다 太陽 태양, 해
出る 나가다, 나오다 洗濯 세탁, 빨래 明るい 밝다 そろそろ 슬슬 帰る 돌아가다, 돌아오다

55 ～間(に)

～하는 동안에, ～하는 사이에

N4

MP3 075

전후가 한정된 시간임을 나타낸다. 「間」는 말하는 기간 동안 동작, 상태 등이 계속됨을 나타내지만 「間に」는 계속이 아니라 어느 한 지점을 나타낼 때 사용한다.

⭐ 彼は授業の**間**ずっとおしゃべりばかりしていました。
그 사람은 수업 동안에 계속 잡담만 하고 있었어요.

買い物をしている**間に**、財布を落としてしまいました。
쇼핑을 하고 있는 동안에 지갑을 잃어버렸어요.

56 ～ほど ～ない

～만큼 ～하지 않다

N3

MP3 076

「ほど」는 '정도'를 나타내는 부조사로, 뒤에 부정문이 오면 같은 정도가 아님을 나타낸다.

⭐ 今年の夏は、去年の夏**ほど**暑く**ありません**でした。
올해 여름은 작년 여름만큼 덥지 않았어요.

今日見た映画は、先週見た映画**ほど**面白く**ありません**でした。
오늘 본 영화는 지난주에 본 영화만큼 재미있지 않았어요.

VOCA ⬇

授業 수업　ずっと 쭉, 계속　おしゃべり 잡담　～ばかり ～만, ~뿐　買い物をする 쇼핑을 하다
財布 지갑　落とす 잃어버리다　夏 여름　去年 작년　暑い 덥다　映画 영화　先週 지난주
面白い 재미있다

57 〜ところだ
〜하려던 참이다
N3

동사 기본형에 접속해 뭔가를 이제 막 시작하려고 할 때 사용한다. 동사 진행형에 접속하면 '한창 ~중이다', 동사 た형에 접속하면 '이제 막 ~했다'라는 의미가 된다.

⭐ 今からご飯を食べる**ところです**。
지금부터 밥을 먹으려던 참이에요.

彼女と映画を見る**ところです**。
여자 친구와 영화를 보려던 참이에요.

58 いくら 〜でも/ても
아무리 〜라도, 아무리 〜해도
N3

'아무리 ~라도'라는 의미로 쓰일 때는 명사에 「~でも」를 접속하고, '아무리 ~해도'라는 의미로 쓰일 때는 동사 て형에 「~ても」를 접속한다. 뒤에는 부정적인 뉘앙스의 문장이 주로 온다.

⭐ **いくら**先生**でも**、知らないこともありますよ。
아무리 선생님이라도 모르는 것도 있어요.

いくらメールを送っ**ても**、彼女から全然返事が来ません。
아무리 메일을 보내도 그녀로부터 전혀 답장이 안 와요.

VOCA ⬇

今から 지금부터   ご飯を食べる 밥을 먹다   知る 알다   メール 메일   送る 보내다   全然 전혀
返事 답장, 답변

59 たとえ 〜でも/ても   N3
설령 〜라도, 설령 〜해도

MP3 079

'설령 〜라도'라는 의미로 쓰일 때는 명사에 「〜でも」를 접속하고, '설령 〜해도'라는 의미로 쓰일 때는 동사 て형에 「〜ても」를 접속한다.

⭐ **たとえ**彼**でも**、この問題の正解は知らないでしょう。
  설령 그 사람이라도 이 문제의 정답은 모르겠죠.

  たとえ雨が降っ**ても**行きます。
  설령 비가 내려도 가요.

60 〜通り(に)   N3
〜대로

MP3 080

같은 상태나 방법임을 나타내며 동사에 접속하면 「〜通りに」, 명사에 접속하면 「〜通りに」가 된다. 참고로 비슷한 표현인 「〜まま(に)」는 그 상태를 유지하며 행동하는 것을 말한다.

⭐ 本当に私の言った**通りに**なりましたね。
  정말 제가 말한 대로 되었네요.

  世の中、自分の思い**通りに**いかないものですね。
  세상은 자신의 생각대로 안 되는 법이군요.

VOCA ⬇

問題 문제   正解 정답   雨が降る 비가 내리다   〜になる 〜이(가) 되다(변화)   世の中 세상
思い通りに 생각대로   いかない 안 되다, 뜻대로 되지 않다

51〜60 복습하기

복습 문제 10

1 今年の冬は去年の冬ほど寒くなかった。
　Ⓐ 去年の冬の方が寒かった　　Ⓑ 今年の冬の方が寒かった
　Ⓒ 去年の冬はあまり寒くなかった　Ⓓ 去年と今年はほぼ同じ寒さだった

2 午後、突然雨が降り出した。
　Ⓐ 降り始めた　　　　　　　　Ⓑ 降り続けた
　Ⓒ 降ったり止んだりした　　　Ⓓ 降ってすぐ止んだ

3 気温も低くなったし夜道は危ないですから、明るかったうちにさっさと帰りましょう。
　　　　Ⓐ　　　　　　　Ⓑ　　　　　　Ⓒ　　　　　　Ⓓ

4 いくら願って、できないことはできないと母に言われました。
　　　　Ⓐ　　　　Ⓑ　　　　　　　　Ⓒ　　Ⓓ

5 彼の言ったことにやりましたが、どうもうまくできませんでした。
　　Ⓐ　　Ⓑ　　　　　　　Ⓒ　　　　　　　　Ⓓ

6 私に電話を_____続けるのは止めてください。
　Ⓐ かけ　　Ⓑ かける　　Ⓒ かけた　　Ⓓ かけよう

7 ここはバスが10分おきに来ますから、もうすぐ_____。
　Ⓐ 来るはずです　　　　　Ⓑ 来てもかまいません
　Ⓒ 来たことがあります　　Ⓓ 来た方がいいでしょう

8 _____大統領でも、法律を勝手に変えてはいけません。
　Ⓐ まだ　　Ⓑ いくつ　　Ⓒ どんな　　Ⓓ たとえ

9 今から勉強を_____ところですから、邪魔しないでください。
　Ⓐ する　　Ⓑ しよう　　Ⓒ して　　Ⓓ した

10 試験の_____は隣の人と話をしてはいけません。
　Ⓐ うち　　Ⓑ 間　　Ⓒ うちに　　Ⓓ 間で

61 ～やすい N3
~하기 쉽다, ~하기 편하다

동사 ます형에 접속해 뭔가를 하는 것이 간단하고 쉬움을 나타낸다.

⭐ この本は例文が多くてわかり**やすい**です。
이 책은 예문이 많아서 이해하기 쉬워요.

ここは環境もよく、本当に住み**やすい**ところですね。
여기는 환경도 좋고 정말 살기 편한 곳이네요.

62 ～にくい N3
~하기 어렵다, ~하기 힘들다

동사 ます형에 접속해 뭔가를 하는 것이 힘들거나 어려움을 나타낸다. 비슷한 표현으로 「～がたい(~하기 힘들다)」, 「～づらい(~하기 거북하다)」 등이 있다.

⭐ 山田先生の授業はわかり**にくい**です。
야마다 선생님의 수업은 이해하기 어려워요.

このコンピューターはちょっと使い**にくい**ですね。
이 컴퓨터는 조금 사용하기 힘드네요.

VOCA ⬇

例文 예문   多い 많다   わかる 알다, 이해하다   環境 환경   住む 살다   授業 수업
コンピューター 컴퓨터   使う 쓰다, 사용하다

63 ～(の)おかげで N3
～덕분에, ～덕택에

타인이나 뭔가의 도움이 좋은 결과의 원인이나 이유가 되었음을 나타낸다.

⭐ 先生のおかげで、いい大学に受かりました。
　　선생님 덕분에 좋은 대학에 합격했어요.

　　彼のおかげで、この仕事を早く終えることができました。
　　그 사람 덕분에 이 일을 일찍 끝낼 수 있었어요.

64 ～(の)せいで N3
～탓에, ～때문에

타인이나 어떤 일이 좋지 않은 결과의 원인이나 이유임을 나타내 책망하는 뉘앙스의 문장이 된다.

⭐ 雨のせいで、試合は全部中止になってしまいました。
　　비 탓에 시합은 전부 중지가 되어 버렸어요.

　　風邪を引いたせいで、外出することができませんでした。
　　감기에 걸린 탓에 외출할 수가 없었어요.

VOCA ⬇

大学 대학　**～に受かる** ～에 합격하다　**仕事** 일　**早く** 일찍, 빨리　**終える** 끝내다
동사 기본형+ことができる ～할 수 있다(가능)　**雨** 비　**試合** 시합　**全部** 전부　**中止** 중지
風邪を引く 감기에 걸리다　**外出する** 외출하다

65 ～てばかりいる
～하고만 있다

N3

동사 て형에 접속해 특정한 일을 계속하고 있음을 나타낸다. 다소 부정적인 뉘앙스를 포함하는 표현이다.

⭐ うちの息子、休日になるとテレビを見**てばかりいて**ちょっと心配です。
우리 아들, 휴일이 되면 텔레비전을 보고만 있어서 조금 걱정이에요.

遊ん**でばかりいないで**さっさと仕事をしなさい。
놀고만 있지 말고 냉큼 일을 하세요.

66 ～ばかりか
～뿐만 아니라

N3

지금 상황에 뭔가가 더 추가됨을 나타낸다. 「～だけでなく(～뿐만 아니라)」, 「～ばかりでなく(～뿐만 아니라)」와 비슷한 표현으로 쓰이지만 놀라거나 불만이 있을 때 사용되는 경향이 있다.

⭐ 火事で家具**ばかりか**思い出のアルバムまで失ってしまいました。
화재로 가구뿐만 아니라 추억의 앨범까지 잃어버렸어요.

彼は勉強**ばかりか**スポーツの面でも優れています。
그는 공부뿐만 아니라 운동 면에서도 뛰어나요.

VOCA ⬇

息子 아들　**休日** 휴일　**心配** 걱정, 염려　**遊ぶ** 놀다　**さっさと** 냉큼, 후딱　**火事** 화재　**家具** 가구
思い出 추억　**アルバム** 앨범　**失う** 잃다　**勉強** 공부　**スポーツ** 스포츠, 운동　**面** 면, 방면
優れる 뛰어나다, 우수하다

67 ～(の)代わりに   N3
～대신에

어떤 대상의 기능이나 역할을 대신함을 나타낸다. 비슷한 표현으로「명사+に代わって(～을(를) 대신해서)」가 있다.

⭐ 病気の兄の**代わりに**私が新聞配達をしました。
아픈 형 대신에 제가 신문배달을 했어요.

昨日残業した**代わりに**、今日は少し早く帰ってもいいと言われました。
어제 야근한 대신에 오늘은 조금 일찍 돌아가도 좋다는 말을 들었어요.

68 ～によって   N3
～에 의해, ～에 따라

'～에 의해'라는 의미로 원인이나 이유, 수단이나 방법을 나타내거나 '～에 따라'라는 의미로 다른 내용이나 성질을 나타낸다.

⭐ 踏切事故**によって**電車が遅れています。
건널목 사고에 의해(때문에) 전철이 늦어지고 있어요.

人**によって**考え方が違います。
사람에 따라 사고방식이 달라요.

病気 병   兄 형, 오빠   新聞 신문   配達 배달   昨日 어제   残業する 잔업하다, 야근하다   少し 조금
帰る 돌아가다, 돌아오다   동사 て형+てもいい ～해도 좋다(허가나 승낙)   踏切 건널목   事故 사고   電車 전철
遅れる 늦다   考え方 사고방식   違う 다르다

69 ～について N3
～에 대해서

어떤 내용이나 주제에 대해서 말할 때 사용한다.

⭐ 今、日本文学**について**勉強しています。
지금 일본 문학에 대해서 공부하고 있어요.

その件**について**先生は何とおっしゃいましたか。
그 건에 대해서 선생님은 뭐라고 말씀하셨나요?

70 ～に対して N3
～에 대해서, ～에게

대상이나 상대를 나타낸다. 「～に対して」와 「～について」의 구분은 조사 「に」로 대체할 수 있느냐로 따져 보면 된다. 대상을 나타내는 「～に対して」는 조사 「に」로 바꿔도 문장이 성립하지만, 「～について」는 문장이 성립하지 않는다.

⭐ 思春期には親**に対して**反抗ばかりしていました。
사춘기 때는 부모님에게 반항만 했었어요.

お客様**に対して**そんな無礼なことを言うとは、信じられません。
손님에게 그런 무례한 말을 하다니 믿을 수 없어요.

VOCA ⬇

文学 문학　件 건　何と 뭐라고　おっしゃる 말씀하시다　思春期 사춘기　親 부모님　反抗 반항
～ばかり ～만, ～뿐　お客様 손님　無礼だ 무례하다　信じる 믿다

61~70 복습하기

복습 문제 10

PART5

① 先生の説明は<u>理解しやすい</u>です。
　Ⓐ 理解したくありません　　　Ⓑ 理解するのが難しいです
　Ⓒ 理解するのが難しくありません　Ⓓ 理解してもかまいません

② 大きな台風<u>によって</u>あっちこっちで被害が出ています。
　Ⓐ で　　Ⓑ より　　Ⓒ ほど　　Ⓓ ばかり

③ 昨日は<u>雨が降ったおかげで</u>、涼しく過ごすことができました。
　Ⓐ 雨が降ってくれたので　　Ⓑ 雨が降ったと言っても
　Ⓒ 雨に関係なく　　　　　　Ⓓ 雨が降るとは

④ 彼は<u>英語ばかりか</u>、ドイツ語もできます。
　Ⓐ 英語だけではなく　　Ⓑ 英語をおいて
　Ⓒ 英語は苦手だが　　　Ⓓ 英語を最後に

PART6

⑤ 最初日本に<u>行った</u><u>時</u>には、日本語が下手な<u>おかげで</u>色々<u>苦労</u>しました。
　　　　　　Ⓐ　Ⓑ　　　　　　　　Ⓒ　　　　Ⓓ

⑥ 彼は今<u>忙しい</u>ですから、<u>そこには</u>彼の<u>代わりを</u>私が行く<u>ことにしました</u>。
　　　　Ⓐ　　　　　　　Ⓑ　　　Ⓒ　　　　　　Ⓓ

⑦ 今度の事件に対して、警察<u>からは</u>まだ何の発表もありません。
　Ⓐ　　Ⓑ　　　Ⓒ　　　Ⓓ

PART7

⑧ ＿＿＿＿ばかりいないで、たまには勉強もしなさい。
　Ⓐ 遊ぶ　　Ⓑ 遊び　　Ⓒ 遊んで　　Ⓓ 遊ぼう

⑨ 親＿＿＿＿そんなことを言うとは、驚きました。
　Ⓐ によって　Ⓑ について　Ⓒ に対して　Ⓓ において

⑩ この本は漢字が多くてちょっとわかり＿＿＿＿。
　Ⓐ やすいです　Ⓑ やさしいです　Ⓒ にくいです　Ⓓ むずかしいです

71 ～さえ ～ば
～만 ～하면 **N3** MP3 091

명사나 동사 ます형에 접속해 극단적인 예를 들어 그 조건만으로 일이 충족된다는 최저조건을 나타낸다.

예 いい薬さえあれば、彼は助かったかもしれません。
좋은 약만 있었으면 그는 살았을지도 몰라요.

その問題は時間さえあれば、全部解けたと思います。
그 문제는 시간만 있었으면 전부 풀 수 있었다고 생각해요.

72 ～べきだ
～해야만 한다 **N3** MP3 092

동사 기본형에 접속해 '당연히 ~해야 한다'라는 당위성을 나타낸다. '해야만 한다'라고 말할 경우 특수하게 현대 일본어의 '하다'라는 의미인 「する」와 고어의 '하다'라는 의미인 「す」 모두 접속이 가능하다.

예 今度の件は君が先に謝るべきです。
이번 건은 당신이 먼저 사과해야만 해요.

担当者であるあなたも一緒に行くべきです。
담당자인 당신도 함께 가야만 해요.

VOCA ⬇

薬 약   助かる 살아나다   問題 문제   時間 시간   全部 전부   解く 풀다   先に 먼저
謝る 사과하다, 사죄하다   担当者 담당자   一緒に 함께

73 ～たびに   N3
～할 때마다

MP3 093

뭔가를 할 때마다 항상 그러함을 나타낸다. 앞에 동사가 올 때는 기본형에 접속하고 명사일 때는 「명사+のたびに」의 형태가 된다.

⭐ そこに行く**たびに**、昔のことが思い出される。
그곳에 갈 때마다 옛날 일이 생각난다.

この歌を聞く**たびに**、彼女との思い出がよみがえる。
이 노래를 들을 때마다 그녀와의 추억이 되살아난다.

74 ～に限る   N3
～이(가) 제일이다, ～이(가) 최고다

MP3 094

「Aに限る」의 형태로 사용되며 A가 최고임을 나타낸다. 「～が一番だ(～이(가) 제일이다)」, 「～が最高だ(～이(가) 최고다)」와 비슷한 표현이다.

⭐ 夏は何と言っても生ビール**に限る**。
여름에는 뭐니 뭐니 해도 생맥주가 최고다.

寒い日は鍋料理**に限る**。
추운 날은 냄비요리가 최고다.

VOCA ⬇

昔 옛날　思い出す 떠올리다, 생각해내다　歌 노래　聞く 듣다　思い出 추억　よみがえる 되살아나다
夏 여름　生ビール 생맥주　寒い 춥다　鍋料理 냄비요리

75 〜とは限らない　N3
〜인 것은 아니다, 〜라고는 볼 수 없다

'〜인 것은 아니다, 〜라고는 볼 수 없다'라는 의미로 때때로 그러한 경우도 있음을 나타낸다.

⭐ いくら金持ちでも、いつも幸せだ**とは限らない**。
아무리 부자라도 항상 행복한 것은 아니다.

はっきりとした証拠がまだないのだから、彼がした**とは限らない**よ。
확실한 증거가 아직 없으니까 그 사람이 했다고는 볼 수 없어.

76 〜わけがない　N3
〜일 리가 없다

'〜일 리가 없다'라는 의미로 주관적 판단의 당위성을 나타낸다. 간혹 조사 「は」를 사용해 「〜わけはない(〜일 리는 없다)」의 형태로 사용하기도 한다.

⭐ 彼が今度の旅行に参加する**わけがない**。
그 사람이 이번 여행에 참가할 리가 없다.

もう2時間も過ぎてしまったから、待っている**わけがない**。
벌써 2시간이나 지나 버렸으니까 기다리고 있을 리가 없다.

VOCA ⬇

いくら〜でも 아무리 〜라도　**金持ち** 부자　**幸せだ** 행복하다　**はっきりとした** 확실한　**証拠** 증거
旅行 여행　**参加する** 참가하다　**過ぎる** 지나다, 지나가다　**待つ** 기다리다

77 〜わけではない   N3
〜인 것은 아니다
MP3 097

'〜인 것은 아니다'라는 의미로 무언가를 부분적으로 부정할 때 사용한다. 참고로「동사 ない형+ないわけではない(〜이(가) 아닌 것은 아니다)」는 부분적으로 긍정하는 표현이 된다.

☆ 彼は学生時代、勉強ばかりしていた**わけではない**。
그 사람은 학창시절에 공부만 하고 있었던 것은 아니다.

うめぼしは好きではないが、食べない**わけではない**。
매실장아찌는 좋아하지 않지만 안 먹는 것은 아니다.

78 〜わけにはいかない   N3
〜할 수는 없다
MP3 098

사회적・도덕적・심리적 이유 등으로 '〜할 수는 없다'라는 불가능을 나타낸다. 참고로「동사 ない형+ないわけにはいかない」는 '〜하지 않을 수는 없다, 〜해야만 한다'라는 의미를 나타낸다. 또한「〜ないわけにはいかない」와 비슷한 표현인「동사 ない형+ざるを得ない(〜하지 않을 수 없다)」는 어쩔 수 없이 그렇게 해야만 하는 상황일 때 사용한다.

☆ 明日から試験なので、遊んでいる**わけにはいかない**。
내일부터 시험이기 때문에 놀고 있을 수는 없다.

彼女がせっかく作ってくれた料理だから、食べない**わけにはいかない**。
그녀가 모처럼 만들어 준 요리니까 먹지 않을 수 없다.

VOCA ⬇

学生時代 학창시절　**勉強** 공부　**〜ばかり** 〜만, 〜뿐　**うめぼし** 매실장아찌(매실을 절여 만든 음식)
好きだ 좋아하다　**試験** 시험　**遊ぶ** 놀다　**せっかく** 모처럼　**作る** 만들다　**料理** 요리

79 〜次第(しだい) 〜하는 대로, 〜하자마자　N3

동사의 ます형에 접속해 어떤 일을 하고 바로 다음 일을 함을 나타낸다. 명사에 접속할 경우에는 '〜에 따라, 〜에 달려 있음'이라는 의미를 가진다.

⭐ 駅(えき)に着(つ)き次第(しだい)、電話(でんわ)してください。
역에 도착하는 대로 전화해 주세요.

この仕事(しごと)が終(お)わり次第(しだい)、そちらに行(い)きます。
이 일이 끝나는 대로 그쪽으로 갈게요.

80 〜ついでに 〜하는 김에　N3

어떤 일을 하는 그 기회를 이용해 다른 일을 함께 함을 나타낸다.

⭐ コンビニに行(い)くついでにタバコも買(か)ってきてくれない？
편의점에 가는 김에 담배도 사오지 않을래?

図書館(としょかん)で勉強(べんきょう)するついでに本(ほん)を借(か)りてきた。
도서관에서 공부하는 김에 책을 빌려 왔다.

VOCA

駅(えき) 역　着(つ)く 도착하다　電話(でんわ)する 전화하다　仕事(しごと) 일　終(お)わる 끝나다　コンビニ 편의점
〜に行(い)く 〜에 가다　タバコ 담배　동사 て형+てくる 〜해 오다, 점차 〜하게 되다　図書館(としょかん) 도서관
本(ほん)を借(か)りる 책을 빌리다

71~80 복습하기

복습 문제 10

PART5
① お金がたくさんあっても、幸せだとは限らない。
　Ⓐ きっと幸せだろう　　　　　Ⓑ 幸せなわけではない
　Ⓒ 幸せでもおかしくない　　　Ⓓ 幸せになる可能性が高い

② 風邪を引いた時には寝るに限る。
　Ⓐ 寝るのが最高だ　　　　　Ⓑ 寝てはいけない
　Ⓒ 寝ることもよくある　　　Ⓓ 寝ないでほしい

③ 先生に言われたことなので、しないわけにはいかない。
　Ⓐ しなければならない　　　Ⓑ しなくてもいい
　Ⓒ するわけがない　　　　　Ⓓ したくない

④ 魚はあまり好きではないが、食べないわけではない。
　Ⓐ 食べた方がいい　　　　　Ⓑ 食べる時もある
　Ⓒ 食べたことがない　　　　Ⓓ 全然食べない

PART6
⑤ この歌を歌いたびに、彼女との思い出がよみがえる。
　　Ⓐ　　　Ⓑ　　　　　Ⓒ　　　　Ⓓ

PART7
⑥ 息子の迎えに行く＿＿＿＿手紙を出した。
　Ⓐ ついでに　Ⓑ によって　Ⓒ に対して　Ⓓ ために

⑦ 話すのが苦手な彼がその発表会に＿＿＿＿。
　Ⓐ 行くわけだ　Ⓑ 行くわけがない　Ⓒ 行くことになる　Ⓓ 行ってもかまわない

⑧ 彼は暇＿＿＿＿あれば小説を読んでいます。
　Ⓐ さえ　　Ⓑ ほど　　Ⓒ ごろ　　Ⓓ ぐらい

⑨ そこに＿＿＿＿次第、私に連絡してください。
　Ⓐ 着く　　Ⓑ 着いた　　Ⓒ 着き　　Ⓓ 着こう

⑩ 担当者である君も今度の研修に＿＿＿＿べきだと思います。
　Ⓐ 参加して　Ⓑ 参加する　Ⓒ 参加した　Ⓓ 参加しよう

CHAPTER 3

실제 시험 대비하기

loading...

실제 JPT 독해 시험과 똑같은 실전 모의고사를 미리 풀어 보자!

PART 5 정답 찾기 (20문항)

PART 6 오문 정정 (20문항)

PART 7 공란 메우기 (30문항)

PART 8 독해 (30문항)

실제로 출제되고 있는 JPT 시험과 유사한 모의고사이니만큼 다소 부담스럽고 어렵게 느껴질 것이다. 그러나 시험 문제 유형을 이해하며 미리 익숙해져 보는 것에 의의를 두고 가벼운 마음으로 풀어나가면 된다. 지레 겁먹지 말고, 차근차근히 반복해서 풀어 보도록 하자!

Ⅴ. 下の_____線の言葉の正しい表現、または同じ意味のはたらきをしている言葉をⒶからⒹの中で一つ選びなさい。

101 体に良い薬は<u>苦い</u>ものです。
Ⓐ にがい
Ⓑ くるしい
Ⓒ にぶい
Ⓓ きつい

102 どうしたんですか。顔色が<u>真っ青</u>ですよ。
Ⓐ まっか
Ⓑ まっあか
Ⓒ まっさお
Ⓓ まっあお

103 イラクは<u>天然</u>資源が豊富な国の一つである。
Ⓐ てんせん
Ⓑ てんぜん
Ⓒ てんねん
Ⓓ でんねん

104 彼の話を聞いて怒りを<u>抑えられなかった</u>。
Ⓐ おさえられなかった
Ⓑ たえられなかった
Ⓒ こたえられなかった
Ⓓ むかえられなかった

105 この繁華街は休日なのに、<u>閑散</u>としている。
Ⓐ かんさん
Ⓑ かんざん
Ⓒ こんさん
Ⓓ こんざん

106 彼は<u>自ら</u>の意志を貫き通し、研究を完成させた。
Ⓐ たいら
Ⓑ まばら
Ⓒ みずから
Ⓓ おのずから

107 自信満々な彼の行く手を<u>阻む</u>者は誰もいなかった。
Ⓐ こばむ
Ⓑ いなむ
Ⓒ はばむ
Ⓓ いとなむ

108 朝からうるさい音がして6時に目が<u>さめた</u>。
Ⓐ 覚めた
Ⓑ 冷めた
Ⓒ 起めた
Ⓓ 遅めた

109 2時間も待っていたのに、<u>ついに</u>彼女は来なかった。
Ⓐ 徐に
Ⓑ 遂に
Ⓒ 初に
Ⓓ 結に

110 飲酒運転で事故を起こしてしまったなんて、<u>自業自得</u>である。
Ⓐ じごうじとく
Ⓑ じごうじどく
Ⓒ じぎょうじとく
Ⓓ じぎょうじどく

111 今年の夏は去年ほど暑くなかった。
Ⓐ 去年の夏の方が暑かった
Ⓑ 今年の夏の方が暑かった
Ⓒ 去年も今年もさほど暑くなかった
Ⓓ 去年と今年はほぼ同じ暑さであった

112 来週、アメリカに出張することになっている。
Ⓐ 出張が決まっている
Ⓑ 出張は行かないだろう
Ⓒ 出張に行ってもかまわない
Ⓓ 出張するかどうかまだはっきりわからない

113 日照りのせいで、今年はことに出来がよくないという。
Ⓐ まさに
Ⓑ さらに
Ⓒ とくに
Ⓓ おもに

114 私はさしみに目がない。
Ⓐ とても好きだ
Ⓑ とても嫌いだ
Ⓒ 食べたくない
Ⓓ 食べたことがない

115 初公演だったので、緊張してしまった。
Ⓐ 上がって
Ⓑ 受けて
Ⓒ 残って
Ⓓ 持って

116 何度も先生に頼まれたことだから、しないわけにはいかない。
Ⓐ してもかまわない
Ⓑ せざるを得ない
Ⓒ するとは限らない
Ⓓ しない方がいい

117 山田君は本当に経済に明るい人です。
Ⓐ 私は照明を明るくしないと、寝られません。
Ⓑ 私たちの老後生活は明るいとは言えません。
Ⓒ 彼女の明るい性格が気に入って付き合おうと思いました。
Ⓓ これは法律に明るい彼に聞いてみた方がいいと思います。

118 駅に着き次第、私に電話してください。
Ⓐ 合格できるかどうかは君の努力次第だ。
Ⓑ 次第に寒くなっていますが、お変わりありませんか。
Ⓒ 今度の試験の結果次第で昇進するかもしれない。
Ⓓ 準備ができ次第、出発します。

119 これは鈴木先生がお描きになった絵です。
Ⓐ 最近、お仕事の方はいかがですか。
Ⓑ 部長にお聞きしたいことがあるのですが。
Ⓒ 合格できたのは全部先生のおかげです。
Ⓓ 彼は日本料理の中でおにぎりが一番好きだそうだ。

120 辛い食べ物はあまり好きではない。
Ⓐ 冷蔵庫の中に何もない。
Ⓑ 経済は私もよくわからない。
Ⓒ この本は読んだことがない。
Ⓓ 食べてみると、思ったより美味しくなかった。

VI. 下の_____線のⒶ, Ⓑ, Ⓒ, Ⓓの中で正しくない言葉を一つ選びなさい。

121 こんなに激しい雨が降っている<u>ので</u>、出かける<u>なんて</u> <u>とんでもない</u>。
　　　　　　　　　　Ⓐ　　　　　　　　　　　　Ⓑ　　　　　Ⓒ　　　　Ⓓ

122 その問題はみんな<u>で</u> <u>じっくり</u> <u>考える</u> <u>後で</u>決めましょう。
　　　　　　　　　Ⓐ　　　Ⓑ　　　　Ⓒ　　　Ⓓ

123 「落書き禁止」と<u>書いている</u> <u>のに</u>、壁は<u>もう</u>落書き<u>でいっぱい</u>になっていた。
　　　　　　　　　Ⓐ　　　　　Ⓑ　　　　　Ⓒ　　　　Ⓓ

124 子供が台所の<u>やかん</u>の水を<u>こぼして</u><u>火傷</u>を<u>負って</u>しまった。
　　　　　　Ⓐ　　　　　Ⓑ　　　Ⓒ　　　Ⓓ

125 彼の机の<u>上</u>には鉛筆が<u>3本</u>、消しゴムが<u>1台</u>置いて<u>ありました</u>。
　　　　　Ⓐ　　　　　Ⓑ　　　　　　Ⓒ　　　　Ⓓ

126 来週<u>親友</u>が<u>遊びに</u>来る<u>ので</u>、<u>楽しく</u>にしています。
　　　Ⓐ　　　Ⓑ　　　Ⓒ　　　Ⓓ

127 <u>お注文なさった</u>商品は、明日<u>お届けいたします</u>ので、<u>ご心配</u>な<u>さらない</u>でください。
　　Ⓐ　　　　　　　　　　　　Ⓑ　　　　　　　　　　Ⓒ　　Ⓓ

128 残念<u>ながら</u>、<u>こちらの</u>プールは会員<u>以外</u>の方はご利用<u>できません</u>。
　　　　Ⓐ　　　　Ⓑ　　　　　　　Ⓒ　　　　　　Ⓓ

129 鈴木君は授業の<u>間に</u>ずっと隣の<u>人と</u>おしゃべり<u>ばかり</u>して先生に<u>注意された</u>。
　　　　　　　Ⓐ　　　　　Ⓑ　　　　　Ⓒ　　　　　　Ⓓ

130 彼女<u>ときたら</u>、気にならないことがあったらすぐ<u>かっとなる</u>から、<u>気を</u><u>付けて</u>ね。
　　　Ⓐ　　　　　　Ⓑ　　　　　　　　　　　Ⓒ　　　　　Ⓓ

148

131 人の初印象は15秒で決まってしまうが、それを変えるのには6カ月はかかるという。
　　　Ⓐ初印象　　Ⓑ決まって　　Ⓒ変えるのには　　Ⓓかかる

132 彼女とは卒業した以来、一度も会っていません。
　　　Ⓐとは　Ⓑ卒業　Ⓒした以来　Ⓓ一度も

133 立春とは言うもので、まだ朝晩は寒い日が続いています。
　　　Ⓐとは　Ⓑ言うもので　Ⓒ朝晩　Ⓓ続いて

134 木村君ほどお金に怪しい人は今まで見たことがない。
　　　Ⓐほど　Ⓑ怪しい　Ⓒ今まで　Ⓓ見た

135 愚痴を流してばかりいないで、さっさと仕事をしなさい。
　　　Ⓐ流して　Ⓑばかり　Ⓒさっさと　Ⓓしなさい

136 画一的な今の教育は、個性溢れるその子供の才能を殺しかねる。
　　　Ⓐ画一的な　Ⓑ溢れる　Ⓒその　Ⓓ殺しかねる

137 「こだわりあれば憂い無し」ということわざのように、前もって準備しておこう。
　　　Ⓐこだわりあれば憂い無し　Ⓑことわざ　Ⓒ前もって　Ⓓおこう

138 いくら考えてみても、彼の主張は単なる馬がいい話に過ぎないと思う。
　　　Ⓐいくら　Ⓑ単なる　Ⓒ馬がいい　Ⓓ過ぎない

139 きちんとした説明もなく、子供を頭打ちに叱り付けるのはよくない。
　　　Ⓐきちんと　Ⓑ説明もなく　Ⓒ頭打ちに　Ⓓ叱り付ける

140 ここは川と山のみならず湿地もあるため、虫を観察するにはもってのほかの場所です。
　　　Ⓐのみならず　Ⓑあるため　Ⓒ観察するには　Ⓓもってのほか

VII. 下の_____線に入る適当な言葉をⒶからⒹの中で一つ選びなさい。

141 終了レポートは明日_____提出してください。
　Ⓐ まで
　Ⓑ までに
　Ⓒ までで
　Ⓓ までを

142 鈴木さんは相変わらず歌_____上手だった。
　Ⓐ が
　Ⓑ に
　Ⓒ で
　Ⓓ を

143 昨日はひどい風邪_____会社を休んだ。
　Ⓐ で
　Ⓑ に
　Ⓒ も
　Ⓓ は

144 彼は今貿易会社_____勤めています。
　Ⓐ で
　Ⓑ を
　Ⓒ に
　Ⓓ より

145 悪いことでもあったのか、彼はビールを_____も飲んだ。
　Ⓐ 三枚
　Ⓑ 三冊
　Ⓒ 三匹
　Ⓓ 三本

146 見上げると、一羽の鳥が空_____飛んでいました。
　Ⓐ に
　Ⓑ を
　Ⓒ か
　Ⓓ の

147 今からスーパーに行きますが、何か_____な物はありませんか。
Ⓐ 正確
Ⓑ 必要
Ⓒ 得意
Ⓓ 親切

148 今回、成功できたのは全部田中さんの_____です。
Ⓐ おかげ
Ⓑ おかげさま
Ⓒ おれい
Ⓓ おいわい

149 迎えに行きますから、遠慮せずに駅に_____連絡してください。
Ⓐ 着くと
Ⓑ 着いたら
Ⓒ 着くなら
Ⓓ 着けば

150 昨日は一日_____部屋で音楽を聞きながら過ごした。
Ⓐ 後
Ⓑ 中
Ⓒ 間に
Ⓓ 内

151 _____つもりでやれば、できないものでもない。
Ⓐ 死のう
Ⓑ 死に
Ⓒ 死んで
Ⓓ 死んだ

152 飲み物はコーヒーにしますか。_____、紅茶にしますか。
Ⓐ そして
Ⓑ それで
Ⓒ それとも
Ⓓ それから

153 今、細かいお金がありませんね。すみませんが、この紙幣、＿＿＿＿＿いただけますか。
　Ⓐ 壊して
　Ⓑ 贈って
　Ⓒ 崩して
　Ⓓ 破って

154 何度も引っ越しをしたせいで、うちの家具はあっちこっちが傷＿＿＿＿＿だ。
　Ⓐ だらけ
　Ⓑ のため
　Ⓒ ぎみ
　Ⓓ がち

155 今日は＿＿＿＿＿となく学校に行きたくない。
　Ⓐ どこ
　Ⓑ いつ
　Ⓒ どれ
　Ⓓ なに

156 二度に＿＿＿＿＿発掘調査ももうすぐ終わる。
　Ⓐ あがる
　Ⓑ かかる
　Ⓒ したがう
　Ⓓ わたる

157 寒かった冬も過ぎ、＿＿＿＿＿春めいてきた。
　Ⓐ すっかり
　Ⓑ よほど
　Ⓒ さぞ
　Ⓓ くまなく

158 母はいつも長男だけ＿＿＿＿＿している。
　Ⓐ じびき
　Ⓑ ひいき
　Ⓒ いびき
　Ⓓ うわき

159 彼が今度の事故を起こした_____本人だ。
Ⓐ 急
Ⓑ 猛
Ⓒ 御
Ⓓ 張

160 昨日は_____が回るほど忙しかった。
Ⓐ 髪
Ⓑ 目
Ⓒ 首
Ⓓ 腕

161 このセーターは私が彼氏のために真心を_____編んだものだ。
Ⓐ こまって
Ⓑ こめて
Ⓒ そえて
Ⓓ かえて

162 コンピューターは_____量の情報を瞬時に処理できる。
Ⓐ うっとうしい
Ⓑ おびただしい
Ⓒ まぶしい
Ⓓ はればれしい

163 彼がそんな犯行をしたとは、到底信じ_____。
Ⓐ かねない
Ⓑ やすい
Ⓒ がたい
Ⓓ むずかしい

164 彼との結婚を決心したのは、彼の_____な性格が気に入ったからです。
Ⓐ ほがらか
Ⓑ やわらか
Ⓒ なだらか
Ⓓ うららか

165 今その話をすると、パニックに_____かもしれないから、言わない方がいい。
Ⓐ 陥る
Ⓑ 落ちる
Ⓒ はまる
Ⓓ 減らす

166 そんな_____な態度ばかり取っていると、周りの反感を買いかねないよ。
Ⓐ 横柄
Ⓑ 陽気
Ⓒ 気さく
Ⓓ 几帳面

167 社会生活では学歴よりも独創性が以前_____重要になってきた。
Ⓐ はさておいて
Ⓑ にもまして
Ⓒ によって
Ⓓ を問わず

168 今日は朝から晴れて正に洗濯_____だね。
Ⓐ 天候
Ⓑ 日和
Ⓒ 空模様
Ⓓ 天気

169 仲がよかった二人は_____が深まって結局、別れてしまった。
Ⓐ 泉
Ⓑ 岸
Ⓒ 河原
Ⓓ 溝

170 難しい仕事を_____とこなす彼が羨ましい。
Ⓐ もやもや
Ⓑ てきぱき
Ⓒ もくもく
Ⓓ じりじり

VIII. 下の文を読んで、後の問いにもっとも適当な答えをⒶからⒹの中で一つ選びなさい。

(171~174)

　　最近インフルエンザが流行っているみたいで、ニュースによると、台湾では約11万の人がかかったそうです。そして、私も先週、うっかり軽い風邪を引きました。そのうち治るかと思いましたが、翌日には喉がさらに痛くなった上に、鼻水も止まりませんでした。頭もくらくらして、なぜか一層ひどくなりました。それで、私は慌てて病院に行って、お医者さんに診てもらいました。家に帰っておかゆを食べて薬を飲んでから、ベッドの上にぐったりと横になり、そのまま夜まで寝込みました。

　　次の朝起きると、大分気分がよくなった気がしましたが、まだ(1)＿＿＿＿。その後も二日間しっかり睡眠を取り、薬を飲んで今は完全に治りました。今の私にとって、病気は実に厄介なものです。受験生の私には正に「(2)＿＿＿＿」であり、風邪を引いたら、勉強の時間が削られて大変なことになるかもしれません。今後は体に気を付けるべきだと思いました。

171 この人の風邪の症状として、正しくないものはどれですか。
　Ⓐ 頭がくらくらした。
　Ⓑ 咳が止まらなかった。
　Ⓒ 鼻水も止まらなかった。
　Ⓓ たった一日で喉がより痛くなった。

172 本文の内容から見て、(1)＿＿＿＿に入る最も適当な文章はどれですか。
　Ⓐ 間違いなく治りました
　Ⓑ 治ったのと同じでした
　Ⓒ 治ったと言ってもいいでしょう
　Ⓓ 治ったわけではありませんでした

173 本文の内容から見て、(2)＿＿＿＿に入る最も適当な表現はどれですか。
　Ⓐ 時は金なり
　Ⓑ なせばなる
　Ⓒ 知らぬが仏
　Ⓓ 月とすっぽん

174 この人はこれからどうしようと思いましたか。
　Ⓐ 体に気を付ける。
　Ⓑ 多くの思い出を作る。
　Ⓒ 学校生活に専念する。
　Ⓓ もっと勉強に力を入れる。

(175~177)

　　私が部活動(1)＿＿＿得たことは、三つあります。まず、強い精神力です。私は男子バスケットボール部に所属していますが、最初は練習に付いていくのに精一杯でした。それで、止めようと思ったことが何度もありましたが、同学年の(2)S君が一生懸命練習している姿を見て、私も負けていられないという気持ちになりました。走る練習では、S君とお互いに負けないと決め、頑張ってきました。そうすると、走っている時、「まだいける」と何度も自分の心の中で思うようになり、精神力を高めることができました。得たことの二つ目は、人との関わりを大切にできたことです。私は部活で今まであまり経験したことのない、よい人間関係を作ることができました。チームメイトとは勝負することが多かったですが、最後の総体ではお互いに励まし合い、やり切ることができました。このような信頼し合える関係を作れたのも、部活動があったからだと思います。最後の三つ目は、協力することの大切さです。バスケットボールは一人でやるスポーツではないので、自分以外の人と協力していい試合をしなければなりません。部員のみんなと力を合わせて試合に臨んだ時こそ、いい試合ができるのです。

175 本文の内容から見て、(1)＿＿＿＿に入る最も適当な表現はどれですか。
　Ⓐ を通して
　Ⓑ において
　Ⓒ にもまして
　Ⓓ にかかわらず

176 (2)S君についての説明の中で、正しくないものはどれですか。
　Ⓐ この人と同じ学年である。
　Ⓑ あまり練習熱心ではない。
　Ⓒ この人にいい刺激を与えてくれる人である。
　Ⓓ 同じ男子バスケットボール部に所属している。

177 この人が部活動で学んだことではないものはどれですか。
　Ⓐ 強い精神力
　Ⓑ 強い責任感
　Ⓒ 協力することの大切さ
　Ⓓ 人との関わりを大切にできたこと

(178~180)

　中学生の時の作文に書いた通り、化学の道を進み、ノーベル賞まで取った人は素晴らしいと思うし、その道をずっと続けられたことは、たぶん幸運もあっただろうと思う。人によっては、意を決してその道に入ったものの、(1)＿＿＿＿事情も起こり得る。

　私は子供の頃は飛行機に乗る人になりたかったのだが、しばらくしてその目標は飛行機を作る人に変わった。しかし、それも事故を起こすと大変そうだと思い、すぐ止めた。小学校の時の作文に「40歳の私」というのがあって、私は「実験をする人になって試験管を振ったりモルモットを相手にしているかもしれない」と書いたように思う。「医者になる」と書いたかは覚えていない。色々な紆余曲折があって私は今、開業医として仕事をしているが、たまにはねずみの相手もしている。モルモットではなく、息子のペットのハムスターなのだが、ねずみには違いない。また先輩、友人の理解を得て、(2)少々試験管を振る機会が今もあるのは幸せなことである。

178 本文の内容から見て、(1)＿＿＿＿に入る最も適当な文章はどれですか。
Ⓐ 断念しにくい
Ⓑ 断念してもらう
Ⓒ 断念しかねない
Ⓓ 断念せざるを得ない

179 本文の内容から見て、この人の職業は何だと思われますか。
Ⓐ 医者
Ⓑ 実験をする人
Ⓒ 飛行機に乗る人
Ⓓ 飛行機を作る人

180 (2)少々試験管を振る機会が今もあるのは幸せなことであるの理由は何ですか。
Ⓐ もともと何かを振るのが好きだったから
Ⓑ 先輩や友人の信頼を得たのがとても嬉しかったから
Ⓒ 試験管を振ったりするのが幼い時の夢の一つだったから
Ⓓ 今、試験管を振ったりモルモットを相手にする仕事をしているから

(181～184)

　私は給食が原因で、小学校1年生の時、とても辛い体験をした。当時、担任の先生の提案で、班ごとに給食を時間内に残さず食べられると、教室の壁に貼られた大きな紙に赤く丸いシールが貼られていった。だから、食べ残しが少ない班は、長い棒グラフ状にシールが貼られ、他の班に対して(1)＿＿＿＿。私たち2班は、私を含めて男子2人、そして体つきのいい女子が3人いた。そんな状態だから、他の班は牛乳が飲めない生徒がいたり体の小さい女子が時間内に食べられなかったりして、シールはあまり貼られていなかったが、うちの班だけ無敗で着実にシール数を伸ばしていった。

　そんなある日、いつものように給食を食べていると、突然お腹が痛くなってどうしてもご飯が喉を通らなくなってしまった。そんな(2)私の異変に気付いた同じ班の女子が「早く食べてよ！時間がなくなるじゃん！」と私を急き立てたが、結局、ご飯を半分残したまま給食終了のチャイムが鳴った。私はお腹の痛みと「もう！ばか！」という同じ班の女子たちから罵声を浴びせられた屈辱感に、静かに耐えていた。そんな様子を見ていた担任の先生は、「あら、今日は残念だったわね」と言うだけだった。

181 本文の内容から見て、(1)＿＿＿＿に入る最も適当な文章はどれですか。
Ⓐ シールを貼らせられた
Ⓑ シールを奪うことができた
Ⓒ 優越感に浸ることができた
Ⓓ 強い劣等感を感じてしまった

182 (2)私の異変が指しているものは何ですか。
Ⓐ 体つきがよくなったこと
Ⓑ いつもと違って食欲が旺盛だったこと
Ⓒ 突然給食を食べるスピードが速くなったこと
Ⓓ 突然の腹痛でご飯が食べられなくなってしまったこと

183 本文のタイトルとして、最も相応しいものはどれですか。
Ⓐ 給食の思い出
Ⓑ 食べ物と栄養の関係
Ⓒ 懐かしい小学校時代
Ⓓ 給食はなぜ大事なのか

184 本文の内容と合っているものはどれですか。
Ⓐ この人は今、小学校1年生だ。
Ⓑ 小学校1年生の時、この人は給食を残して先生に叱られた。
Ⓒ 小学校1年生の時、この人の給食の班は全部で6人だった。
Ⓓ 小学校1年生の時、この人は給食を食べ切れなくて屈辱感を味わったようだ。

(185~188)

　新聞の投稿欄に、「間違った診断で他の病院に行った時にはもう手遅れだった」「面倒をよく見てくれなかった」という医療不信に対する患者の体験が書かれていた。だが、それは医療不信ではなく、たまたま当たった医者が悪かったに過ぎないと思う。その運の悪さを医療ミスだなんて、時流に乗った「医者いじめ」を助長するような書き方はよくないと思う。(1)_____。ただ、いい加減な態度が医者全般に広がっているなら、「医療不信」も仕方がない。

　これは警察にしてもそうである。確かに許されない事件を多発させる警察官はどうしようもないが、警察全体がいけないかのような(2)_____をするのは間違っている。なぜなら、町の安全を守るおまわりさん、難問題一筋に駆け回る刑事など、真に平和を守る意志のある人もいるからである。(3)_____。耳を澄ませば、対立意見にもいい意見があることにも気付く。いい意見にはあまり注目しないくせに、人のあら探しの意見にはいつも「やれやれ、やっちまえ！」というムードである。人というのはいじめることが大好きなようである。人間は一方的だから、いつまで経っても争いがなくならない。

185 本文の内容から見て、(1)_____に入る最も適当な文章はどれですか。
Ⓐ だから、医療不信の声が出ているのではないだろうか
Ⓑ だからこそ時流に乗った書き方が必要な場合もあると思う
Ⓒ 自分の投稿の悪質さを理解できない人が投稿するべきではない
Ⓓ きちんと診断している立派なお医者さんの話も最近よく耳にするようになった

186 本文の内容から見て、(2)_____に入る最も適当な言葉はどれですか。
Ⓐ 言い訳
Ⓑ 言い分
Ⓒ 言い草
Ⓓ 言い付け

187 本文の内容から見て、(3)_____に入る最も適当な文章はどれですか。
Ⓐ 一方的な意見のみに耳を傾けては駄目だ
Ⓑ 医者は早くいい加減な態度を直すべきである
Ⓒ 警察が忙しいのは誰もが承知していることである
Ⓓ やはり警察は我々にとってありがたい存在である

188 医療不信に対するこの人の態度として、正しいものはどれですか。
Ⓐ 医療不信を無くすためには、業務量を減らすべきである。
Ⓑ 人というのはいじめることが大好きだから、仕方がないだろう。
Ⓒ 非難ばかりしないで、もう少し他の意見にも耳を傾けてほしい。
Ⓓ 時流に乗って「医者いじめ」を助長する雰囲気は十分理解できる。

(189~192)

　今年、阪神タイガースがリーグ優勝すれば、全国に広がる経済効果は4124億円という試算を、(1)UFJ総合研究所が1日まとめた。全国的な効果を弾き出したのは初めてといい、プロ野球の効果としては史上最大級としている。ちなみに、これまで民間の研究機関などがまとめた試算は、近畿圏で1000億円程度とされていた。試算は昨年までの通常の需要とは別に、今年新たに生まれる需要だけを積み上げた。

　直接効果として球場の入場料収入や交通費の増加分が約23億円、百貨店や商店街での優勝セールが計62億円になる。最も大きいのは飲食の支出で、球団がまとめた数値を(2)_____、全国の阪神ファンは1500万人と想定。勝利に酔いしれて一人当たり年間1万円使えば1500億円になると弾いた。これに、儲けた会社の社員が収入を他の消費に回したり、応援グッズの原材料を増産したりする生産誘発効果を加えれば、経済効果は4000億円を突破する。飲食費を一人年1万5000円とすれば、6000億円にも達する。UFJ総合研究所は「日本シリーズの相手がダイエーなら、熱狂的なファンが多く、長距離の移動を伴うため、経済効果が最大になる」と予測しているという。

189 (1)UFJ総合研究所の調査内容として、正しくないものはどれですか。
Ⓐ 全国的な効果を弾き出したのは今回が初めてである。
Ⓑ 日本シリーズで戦う相手チームとの相関関係は見られなかった。
Ⓒ 通常の需要とは別に、今年新たに生まれる需要だけを計算した。
Ⓓ 阪神タイガースの優勝は、プロ野球の効果としては史上最大級であるという結果が出た。

190 本文の内容から見て、(2)_____に入る最も適当な言葉はどれですか。
Ⓐ もとに
Ⓑ きずなに
Ⓒ きっかけに
Ⓓ いしずえに

191 阪神タイガースが優勝した時に期待される経済効果ではないものはどれですか。
Ⓐ 飲食の支出の増加
Ⓑ ダイエーファンの交通費の増加
Ⓒ 球場の入場料収入や交通費の増加
Ⓓ 百貨店や商店街での優勝セールによる利益

192 本文の内容と合っているものはどれですか。
Ⓐ 今年、阪神タイガースが優勝すれば球団史上初の優勝となる。
Ⓑ 今年、阪神タイガースの日本シリーズの相手チームはダイエーである。
Ⓒ 飲食費を一人年1万5000円とすれば、経済効果は4000億円ぐらいになる。
Ⓓ 今年、阪神タイガースが優勝した場合、経済効果は一人当たりの飲食費によって大きく変わってくる。

(193~196)

　日常生活に悩みや不安を感じている人が3人に2人に達していることが、内閣府が30日に発表した「(1)国民生活に関する世論調査」でわかった。このような結果は調査開始以来、過去最高であるという。不安の中身では半数が「(2)＿＿＿＿」を挙げた。今後の生活が「悪くなっていく」と考える人もほぼ3人に1人おり、まだ生活意識の面では厳しさが消えていないことがわかった。

　調査は今年6月、全国1万人の成人を対象に実施、7,030人から回答があった。悩みや不安のある人を世代別に見ると、20代が最も低い59.8％、最も高い40代は72.5％、50代も71.6％と高かった。その内容を複数回答してもらったところ、「老後の生活設計」が50.0％で最も多く、「自分の健康」46.3％、「今後の収入や資産の見通し」41.7％の順であった。また、今後の生活の見通しを「悪くなっていく」と答えた人は31.3％で、同じ設問を始めた1968年以来、過去最高であった。逆に「よくなっていく」は7.5％に止まった。世代別では20代で「よくなっていく」の方が多い他は、「悪くなっていく」の方が多かった。最後に、政府への要望を複数回答で聞いたところ、「景気対策」が67.4％で最も多く、医療や年金など「社会保障構造改革」の61.9％が続いた。「防衛・安全保障」は22.4％で初めて2割を超えた。

193 (1)国民生活に関する世論調査についての説明の中で、正しくないものはどれですか。
　Ⓐ 今年6月、全国1万人の成人を対象に実施された。
　Ⓑ 今後の生活が「悪くなっていく」と考える人は7割を超えた。
　Ⓒ 対象の1万人の成人のうち、7割を若干超える回答があった。
　Ⓓ 日常生活に悩みや不安を感じている人の割合は、今回の調査で過去最高を記録した。

194 本文の内容から見て、(2)＿＿＿＿に入る最も適当な言葉はどれですか。
　Ⓐ 景気対策
　Ⓑ 自分の健康
　Ⓒ 老後の生活設計
　Ⓓ 今後の収入や資産の見通し

195 悩みや不安のある人の世代別の結果として、正しくないものはどれですか。
　Ⓐ 悩みや不安が最も多かったのは40代であった。
　Ⓑ 40代と20代には10％以上の差がある。
　Ⓒ 悩みや不安の内容としては自分の健康が2位であった。
　Ⓓ 今後の収入や資産の見通しを不安に思う人はちょうど過半数を占めていた。

196 本文の内容と合っていないものはどれですか。
　Ⓐ 経済状況に対してはまだ厳しさが消えていない。
　Ⓑ 悩みや不安のある人を世代別に見ると、20代が最も高かった。
　Ⓒ 今後の生活が「悪くなっていく」と考える人はほぼ3人に1人いた。
　Ⓓ 政府への要望を複数回答で聞いたところ、「景気対策」が最も多かった。

(197~200)

　警察に捕まると、必ず調書を取られる。そして、裁判でこれら調書が証拠として提出されるのであるが、この調書が(1)_____で、被告は裁判の中で「警察の調書は強制されて書かれたもので、本当ではありません」などと言う人が多い。裁判システムでは警察が取る員面調書と、その後検察官が取り調べる検面調書ではその重みが違うらしいが、それでも(2)_____。たとえそれが死刑を求刑されるほど重要な裁判であっても、あまり状況は変わらないようである。では、そんなに被告が「嘘だ」と言う警察での調書はどのように取られるのだろうか。もしも自分が犯罪者として逮捕されたとして、冷静に考えてみる。警察は捜査によって得た色々な状況証拠を並べ立て、「お前がやったんだろ？」と聞いてくる。しかし、状況証拠は決定的なものはない。そこで警察が「お前がやるところを見ていた奴がいるんだよ！」などと言う。もしも、身に覚えがないなら、このような台詞は別に何の説得性もない。しかし、次から次に別件逮捕され、拘留が延長されるとどうだろうか。その日に帰れると思って警察に来たのに、それが1カ月以上も拘留されると、普通の人なら滅入ってしまう。人間の精神は苦痛に対して意外と脆いのである。だから、真犯人でなくても、その場の苦痛から逃れたいがために、相手に迎合することも十分あり得る。なぜなら、これくらいしなくては真犯人が罪を認めるわけがないからである。

197 本文の内容から見て、(1)_____に入る最も適当な言葉はどれですか。
Ⓐ 曲者　　Ⓑ 退屈　　Ⓒ 横着　　Ⓓ 調子者

198 本文の内容から見て、(2)_____に入る最も適当な文章はどれですか。
Ⓐ 裁判システムを見直さなければならない
Ⓑ 検察官が取り調べる検面調書の方が大切である
Ⓒ 結局、裁判には役に立たないから、両方とも廃止すべきである
Ⓓ 警察で一旦取られた調書の内容を引っ繰り返すのは大変なようである

199 本文の内容と合っていないものはどれですか。
Ⓐ 状況証拠は事件解決の重要な鍵となる。
Ⓑ 裁判で警察での調書が嘘だと主張する被告が多い。
Ⓒ 警察に捕まった時の調書は、裁判で証拠として提出される。
Ⓓ 真犯人でなくても、その場の苦痛から逃れたいがために、相手に迎合する場合もある。

200 本文のタイトルとして、最も相応しいものはどれですか。
Ⓐ でたらめな調書を減らす方法
Ⓑ 警察の間違った捜査による被害の例
Ⓒ 現在の裁判システムの問題点と解決方法
Ⓓ 冤罪を増産しかねない警察の取り調べシステム

CHAPTER 1.
- 확인 문제 해석
- 복습 문제 10 정답 및 해석

CHAPTER 2.
- 복습 문제 10 정답 및 해석

CHAPTER 3.
- 실전 모의고사 정답 및 해석
- OMR 답안지

CHAPTER 1

확인 문제 해석

Unit. 01 — 33쪽

1. 죄송한데 이건 얼마예요?
2. 화장실이라면 저쪽에 있어요.
3. 거기에 들어가서는 안 돼요.
4. 이 중에서 나카무라 씨가 좋아하는 음료는 어느 것인가요?
5. "얼마 전에 만난 찻집에서 만나요."
   "네, 거기서 만나요."

Unit. 02 — 35쪽

1. 선생님의 가르침을 참고로 해서 만들어 봤어요.
2. 아이들 놀이도 옛날과는 다르네요.
3. 남의 욕을 해서는 안 돼요.
4. 이 근처에 우체국이 있나요?
5. 광장은 많은 사람들로 떠들썩해 있었어요.

Unit. 03 — 37쪽

1. 의자 밑에 고양이가 있어요.
2. 집 문 앞에 개가 있어요.
3. 파출소는 빵집 옆에 있어요.
4. 교실 안에 학생들이 있어요.
5. 창문 밖에 산이 보여요.

Unit. 04 — 39쪽

1. 그 사람의 방은 물건이 많아서 좁게 느껴져요.
2. 지나간 일은 후회해도 어떻게 할 수가 없어요.
3. 그런 일로 화내지 말아 주세요.
4. 누군가가 피아노를 치고 있는 게 들려요.
5. 아이들이 뜰에서 놀고 있는 게 보여요.

Unit. 05 — 45쪽

1. 추워졌으니까 건강에 유의하세요.
2. 따뜻할 거라고 생각하고 있었는데 상상 이상으로 추웠다.
3. 난방을 켠 덕분에 이제 춥지 않다.
4. 이 옷이라면 이곳의 추위를 충분히 견딜 수 있겠지.
5. 어제는 그저께보다 추웠어요.

Unit. 06 — 47쪽

1. 추우면 난방을 켤까요?
2. 모두 괜찮다고 말하고 있는데 그녀만 추워하고 있었어요.
3. 이 기계 생각했던 것보다 사용하기 쉽네요.
4. 내용이 어려워서 조금 이해하기 어렵네요.
5. 설마 그 사람이 그런 짓을 했다니 믿기 힘들어요.

Unit. 07 — 49쪽

1. 공부할 때는 시끄러운 곳보다 조용한 곳이 좋아요.
2. 그 아이는 뭔가를 조용히 보고 있었어요.
3. 주위가 조용하다면 벌레의 울음소리가 들릴지도 몰라요.
4. 교통이 편리한 곳에 살고 싶어요.
5. 이건 몸이 불편한 사람이라도 안심하고 쓸 수 있어요.

Unit. 08 — 51쪽

1. 운동장에는 아무도 없어서 매우 조용했다.
2. 여기는 평일인데도 그다지 조용하지 않네.
3. 그 공원은 매우 조용해서 사람의 모습도 전혀 보이지 않았어요.
4. 머리 스타일이 다르고 키도 커져서 똑같은 사람으로는 보이지 않아요.
5. 양쪽 모두 가격이 똑같아서 망설이고 있어요.

Unit. 09 — 57쪽

1. 그 사람에게 부탁해 봤습니다만 결국 아무 소용이 없었어요.
2. 정말 죄송한데 내일은 좀 갈 수 없습니다만.
3. 시급은 그렇게 높지는 않습니다만 당분간 계속할 생각이에요.
4. 과일은 좋아합니다만 채소는 좋아하지 않아요.
5. 이 우유는 이상한 맛이 나니까 마시지 않는 게 좋아요.

Unit. 10 — 59쪽

1. 창문을 통해서 멀리에 산이 보여요.
2. 오늘은 휴일이니까 열려 있지 않을 거라고 생각해요.
3. 어제는 심한 감기로 아르바이트를 쉬었어요.
4. 회사까지는 매일 자동차로 가고 있어요.
5. 거기까지는 혼자서 충분히 갈 수 있어요.

Unit. 11 — 61쪽

1. 저는 늘 신문을 읽으면서 밥을 먹어요.
2. 해서는 안 된다고 알고 있으면서 나도 모르게 해 버렸다.
3. 여기에는 옛날 그대로의 집이 아직 많이 남아 있어요.
4. 저는 항상 9시까지 회사에 출근하고 있어요.
5. 잔업으로 10시까지 일을 할 때도 있어요.

Unit. 12 — 63쪽

1. 오늘 회의는 오후 3시에 해요.
2. 학교 앞에 큰 레스토랑이 있어요.
3. 내일은 친구와 연극을 보러 갈 생각이에요.
4. 오늘 아침에 공원에서 스즈키 씨를 만났어요.
5. 건강을 위해 매일 운동을 하기로 했어요.

Unit. 13 — 69쪽

1. 그 사람은 전부 알고 있는데 조금도 가르쳐주지 않아요.
2. 그날의 일은 결코 잊을 수 없어요.
3. 이건 좀처럼 오지 않을 기회예요.
4. 어젯밤엔 아기가 울어서 제대로 잘 수 없었어요.
5. 뭘 말하고 있는지 전혀 의미를 몰랐어요.

Unit. 14 — 71쪽

1. 과연 어느 정도까지 능숙해질 수 있을까요?
2. 그 설명회에는 저도 꼭 참가하고 싶어요.
3. 어쩌면 내일 도쿄에 갈 지도 몰라요.
4. 만약 폭발이라도 한다면 정말로 큰일이에요.
5. 내일은 가능한 한 일찍 회사에 와 주세요.

Unit. 15 — 73쪽

1. 선생님 및 학생들에게 알려드립니다.
2. 그곳에는 버스 또는 전철로 가는 편이 좋지요.
3. 아침부터 비가 내리고 있어요. 게다가 바람도 강해요.
4. 방 청소와 빨래를 하고 그리고 샤워를 했어요.
5. 시장에 가서 고기와 생선 그리고 채소를 사왔어요.

Unit. 16 — 75쪽

1. 책을 펼쳤어요. 그러자 곧 졸음이 왔어요.
2. 폭설이 내렸어요. 그래서 가지 않기로 했어요.
3. 1시간이나 기다렸어요. 하지만 그녀는 오지 않았어요.
4. 올해는 대풍작이 예상됩니다. 다만 태풍의 피해가 없을 때의 이야기입니다만.
5. 좋은 날씨네요. 그런데 어제 면접은 어떻게 되었나요?

Unit. 17 ——— 81쪽

1. 하늘을 올려다보니 한 마리의 새가 날고 있는 게 보였어요.
2. 책상 위에 노트가 한 권 놓여 있어요.
3. 그는 차를 세 대나 가지고 있다고 해요.
4. 아무리 바빠도 전화 한 통 정도는 할 수 있다고 생각해요.
5. 초원에 소가 한 마리 보여요.

Unit. 18 ——— 83쪽

1. 저도 그 사람과 똑같은 것을 만들어 볼 생각이에요.
2. 이거 테이블 위에 예쁘게 늘어놔 주세요.
3. 어제 갑자기 내린 비 탓에 몸이 젖어 버렸다.
4. 회사 생활도 최근 겨우 익숙해졌다.
5. 한국은 풍부한 노동력 덕분에 지금까지 발전해 왔다.

Unit. 19 ——— 85쪽

1. 방의 불이 켜져 있다.
2. 많은 사람들이 인도를 걷고 있다.
3. 방 창문이 열려 있다.
4. 지금 이야기는 이 책에도 써져 있다.
5. 벽에 낙서가 써져 있다.

Unit. 20 ——— 87쪽

1. 어제는 여동생의 과제를 도와주었다.
2. 어머니는 나에게 항상 맛있는 요리를 만들어 준다.
3. 나카무라 씨는 스즈키 씨에게 책을 빌려 줬다.
4. 감기로 주사를 맞은 적은 아직 없다.
5. 선생님께 요리를 만들어 드렸더니 아주 기뻐해 주셨다.

복습 문제 10 정답 및 해석

Unit. 01~04 ——— 43쪽

❶ [정답] Ⓐ この → これ
[해석] 이건 그다지 무겁지 않으니까 저 혼자서 들 수 있어요.

❷ [정답] Ⓓ どこ → どれ
[해석] 초밥과 생선회와 다코야키 중에서 가장 좋아하는 음식은 어느 것인가요?

❸ [정답] Ⓑ 間 → 中
[해석] 아무도 없는 방 안에서 이상한 소리가 났어요.

❹ [정답] Ⓐ もの → こと
[해석] 출장 일로 상담하고 싶은 것이 있습니다만 시간 괜찮으십니까?

❺ [정답] Ⓒ 近い → 近く
[해석] 죄송한데, 이 근처에 화장실이 있나요?

❻ [정답] Ⓒ
[해석] 우체국이라면 저쪽의 모퉁이에 있어요.

❼ [정답] Ⓐ
[해석] 최근에는 아이들의 놀이도 바뀌어졌네요.

❽ [정답] Ⓑ
[해석] 멀리에 산이 보이는 집에서 살고 싶어요.

❾ [정답] Ⓒ
[해석] 아이들이 뒤뜰에서 놀고 있는 게 보여요.

❿ [정답] Ⓒ
[해석] 옆 방에서 누군가가 기타를 치고 있는 게 들려요.

Unit. 05~08 ——— 55쪽

❶ [정답] Ⓑ 寒いさ → 寒さ
[해석] 이번 달에 들어서 추위가 한층 심해졌다.

❷ [정답] ⓓ 静かで → 静かに
[해석] 이제 곧 시험이 시작되므로 조용히 해 주세요.

❸ [정답] ⓐ 静かな → 静か
[해석] 좀 더 조용하다면 공부에 집중할 수 있을 텐데 너무 시끄럽다.

❹ [정답] ⓐ きれいに → きれいで
[해석] 그녀는 예쁘고 성격도 좋기 때문에 남자한테 인기가 있어요.

❺ [정답] ⓓ 信じるがたい → 信じがたい
[해석] 설마 그 사람이 그런 사건을 일으켰다니 도저히 믿기 힘들어요.

❻ [정답] ⓒ
[해석] 추워하고 있는 것을 보니 감기에 걸린 것 같아요.

❼ [정답] ⓒ
[해석] 어제는 그저께보다 더 추웠어요.

❽ [정답] ⓑ
[해석] 주말에는 조금 시끄럽습니다만 평일에는 매우 조용한 곳이에요.

❾ [정답] ⓑ
[해석] 냉방을 켠 덕분에 이제 덥지 않다.

❿ [정답] ⓐ
[해석] 여기는 역에서 가깝고 공기도 깨끗해서 살기 편해요.

Unit. 09~12　　　　　　　　　　67쪽

❶ [정답] ⓐ
[해석] 이 마을에는 옛날 그대로의 건물이 그대로 남아 있어요.

❷ [정답] ⓓ が → は
[해석] 고기는 좋아해서 자주 먹습니다만 생선은 그다지 먹지 않아요.

❸ [정답] ⓑ あった → した
[해석] 아까부터 부엌에서 이상한 냄새가 났기 때문에 즉시 가 봤어요.

❹ [정답] ⓐ 見るながら → 見ながら
[해석] 남동생은 텔레비전을 보면서 밥을 먹는 습관이 있기 때문에 어머니에게 자주 혼나요.

❺ [정답] ⓒ 見るに → 見に
[해석] 어제 친구와 영화를 보러 갔습니다만 그다지 재미있지 않았어요.

❻ [정답] ⓑ に → 삭제
[해석] 만약 내일 비가 내린다면 소풍은 연기가 돼요.

❼ [정답] ⓓ
[해석] 그 역은 여기에서 가까운가요?

❽ [정답] ⓐ
[해석] 이 일을 하루 만에 완성시켰다니 믿을 수 없어요.

❾ [정답] ⓐ
[해석] 비쌀 거라고 생각했습니다만 생각했던 것보다 비싸지는 않았어요.

❿ [정답] ⓑ
[해석] 리포트는 내일 오후 1시까지 제출해 주세요.

Unit. 13~16　　　　　　　　　　79쪽

❶ [정답] ⓐ
[해석] 아침부터 맑았습니다만 갑자기 비가 내리기 시작했어요.

❷ [정답] ⓐ
[해석] 그 사람의 집은 역에서 가까워요. 그리고 번화한 곳이에요.

❸ [정답] ⓐ
[해석] 여기에 주소 및 성함을 써 주세요.

❹ [정답] ⓑ きれいです → きれいではありません
[해석] 여기에 피어 있는 꽃은 그다지 예쁘지 않습니다만 좋은 향기가 나요.

❺ [정답] ⓒ それで → それに
[해석] 기온이 내려가서 추워졌어요. 게다가 비도 내렸어요.

❻ [정답] ⓒ さて → だから
[해석] 그 이야기는 아무한테도 하지 않았어요. 그래서 저 사람도 모를 거예요.

❼ [정답] Ⓑ
[해석] 친구는 좋은 펜을 많이 가지고 있어요.

❽ [정답] Ⓓ
[해석] 그 사람은 어제 여자친구와 싸웠어요. 그래서 오늘 기분이 안 좋아요.

❾ [정답] Ⓑ
[해석] 3시간이나 걸려서 놀이 공원에 갔습니다만 공교롭게도 쉬는 날이었어요.

❿ [정답] Ⓐ
[해석] 그 사람의 말은 항상 너무 빨라서 도대체 뭘 말하고 있는지 모를 때가 있어요.

❻ [정답] Ⓓ いました → ありました
[해석] 팻말에 큰 글씨로 '먹이를 주지 마십시오'라고 써져 있었어요.

❼ [정답] Ⓓ あります → います
[해석] 집 근처의 도서관은 보통 아침 6시부터 밤 12시까지 열려 있어요.

❽ [정답] Ⓐ
[해석] 어제 서점에 가서 잡지를 한 권 샀어요.

❾ [정답] Ⓑ
[해석] 생일 선물로 친구에게 귀여운 양말을 한 켤레 받았어요.

❿ [정답] Ⓓ
[해석] 어제 찍은 사진을 선생님께 보내 드렸어요.

Unit. 17~20   93쪽

❶ [정답] ⓒ
[해석] 저는 친구의 차를 빌렸어요.

❷ [정답] ⓒ 2本 → 2枚
[해석] 어제 문구점에 가서 우표 두 장과 봉투 두 장을 샀어요.

❸ [정답] Ⓓ あげました → くれました
[해석] 누군가가 제 지갑을 주워서 파출소까지 가져와(신고해) 주었어요.

❹ [정답] ⓒ が → に
[해석] 어제 함께 간 레스토랑은 다나카 씨가 소개해 줬어요.

❺ [정답] Ⓓ いきました → きました
[해석] 회사에 들어와서 1년째는 정말 힘들었습니다만 요즘 겨우 익숙해졌어요.

CHAPTER 2

복습 문제 10 정답 및 해석

01~10 ··· 101쪽

❶ [정답] Ⓐ
[해석] 이 규칙은 지키지 않으면 안 돼요.

❷ [정답] Ⓓ いるでしょう → いてください
[해석] 문제를 전부 푼 사람은 눈을 감고 기다리고 있어 주세요.

❸ [정답] Ⓒ 見るに → 見に
[해석] 지난주 주말에는 아들과 함께 영화를 보러 갔다 왔어요.

❹ [정답] Ⓓ いきません → いけません
[해석] '출입금지'라고 써져 있으니까 여기에 들어가서는 안 돼요.

❺ [정답] Ⓓ 吸わなくて → 吸わないで
[해석] 실내에서는 금연이므로 담배를 피우지 말아 주세요.

❻ [정답] Ⓓ
[해석] 그녀는 한국 음악을 좋아한다고 해요.

❼ [정답] Ⓑ
[해석] 그녀는 노래를 매우 잘해서 부러워요.

❽ [정답] Ⓐ
[해석] 3시간이나 계속해서 일을 하고 있으니 조금 쉬는 게 좋아요.

❾ [정답] Ⓓ
[해석] 스즈키 씨, 내일 상황이 되면 함께 바다에 가지 않을래요?

❿ [정답] Ⓐ
[해석] 끝난 사람은 먼저 돌아가도 돼요.

11~20 ··· 107쪽

❶ [정답] Ⓓ 暖かくに → 暖かく
[해석] 3월에 들어서 날씨도 점점 따뜻해졌네요.

❷ [정답] Ⓑ 中に → 中で
[해석] 야마다 씨는 일본 음식 중에서 뭘 가장 좋아하나요?

❸ [정답] Ⓓ しらない → しれない
[해석] 그 사람은 이제 곧 시험이라 내일은 도서관에 가서 공부하고 있을지도 모른다.

❹ [정답] Ⓒ 飲んで → 飲めば
[해석] 몸 상태가 그다지 좋지 않을 때 이 약을 먹으면 좋았을 텐데.

❺ [정답] Ⓓ かなり → なかなか
[해석] 의사가 술은 안 된다고 했지만 좀처럼 끊을 수 없어요.

❻ [정답] Ⓓ
[해석] 아이라는 것은 귀여운 존재예요.

❼ [정답] Ⓒ
[해석] 그 사람 쪽이 저보다 키가 커요.

❽ [정답] Ⓑ
[해석] 내일은 도서관에 가서 공부할 생각이에요.

❾ [정답] Ⓓ
[해석] 화내지 않을 테니까 아버지에게 정직하게 말하세요.

❿ [정답] Ⓒ
[해석] 그 사람이 그런 행동을 하다니 도저히 믿을 수 없었어요.

21~30 ··· 113쪽

❶ [정답] Ⓒ いながら → しながら
[해석] 이번 겨울 방학에는 스키를 타거나 본가에 돌아가 놀거나 하면서 보낼 생각이에요.

❷ [정답] Ⓑ 行く → 行った
[해석] 외국에 한 번도 간 적이 없다고 하는 그녀의 이야기는 분명 거짓말이겠죠.

❸ [정답] Ⓒ 熱い → 熱
[해석] 맛있어 보이는 어묵입니다만 너무 뜨거워서 먹을 수 없어요.

❹ [정답] Ⓒ 冷めない → 冷める
[해석] 막 만든 요리이므로 식기 전에 빨리 드세요.

❺ [정답] Ⓐ きれい → きれいだ
[해석] 그녀는 예쁘고 게다가 성격도 좋아서 남자에게 인기가 있어요.

❻ [정답] Ⓓ いたい → ほしい
[해석] 당신의 전문 분야이니까 이 일은 당신이 해 주었으면 해.

❼ [정답] Ⓐ
[해석] 항상 휴일에는 청소를 한 후에 빨래를 하고 있어요.

❽ [정답] Ⓒ
[해석] 생일 선물로는 귀여운 옷을 갖고 싶어요.

❾ [정답] Ⓑ
[해석] 이렇게 되어 버렸으니 이제 체념할 수밖에 없다.

❿ [정답] Ⓐ
[해석] 최근 조금 살쪄서 내일부터 운동을 하기로 했다.

31~40 .... 119쪽

❶ [정답] Ⓒ かどうか → か
[해석] 이 시험을 위해 그 사람이 어느 정도 열심히 했는지 저는 잘 알고 있어요.

❷ [정답] Ⓑ 温かくに → 温かく
[해석] 감기를 예방하려면 몸을 따뜻하게 하고 일찍 자는 게 좋아요.

❸ [정답] Ⓒ ばかりに → ために
[해석] 그 사람은 유명한 대학에 합격하기 위해 아침부터 밤까지 공부하고 있어요.

❹ [정답] Ⓑ なしも → なしに
[해석] 과(부서) 사람 모두의 노력 없이 이번 일은 성공할 수 없었다고 생각해요.

❺ [정답] Ⓐ ので → のに
[해석] 신청서를 쓰는 데에 시간이 걸려 버려 기한 내에 낼 수 없었어요.

❻ [정답] Ⓒ
[해석] 김 씨는 초밥과 생선회 중 어느 쪽을 좋아해요?

❼ [정답] Ⓑ
[해석] 이 책, 오늘 중으로 전부 읽어 버리자.

❽ [정답] Ⓐ
[해석] 급료가 높은 회사에 들어가고 싶어요.

❾ [정답] Ⓒ
[해석] 이건 어제 백화점에 가서 막 산 옷이에요.

❿ [정답] Ⓓ
[해석] 이번 해외 출장은 스즈키 씨가 가게 되었어요.

41~50 .... 125쪽

❶ [정답] Ⓒ
[해석] 그 발언은 정말로 나카무라 씨다워요.

❷ [정답] Ⓐ
[해석] 그렇게 당황하지 말고 좀 더 진정하세요.

❸ [정답] Ⓑ 降る → 降り
[해석] 금방이라도 비가 내릴 것 같은 날씨이니까 빨리 정리하고 집으로 돌아가요.

❹ [정답] Ⓒ 食べなくて → 食べないで
[해석] 늦잠을 자 버린 날에는 아침을 먹지 않고 출근할 때도 있어요.

❺ [정답] Ⓓ ものです → ようです
[해석] 아침부터 열이 나고 기침도 안 멈춰요.

아무래도 감기에 걸려 버린 것 같아요.

❻ [정답] ⓓ の → 삭제
[해석] 얼마 전 여자친구가 한 파마는 마치 인스턴트 라면 같았다.

❼ [정답] ⓑ 建てさせて → 建てられて
[해석] 집 옆에 새로운 집이 지어져 햇볕이 잘 들지 않게 되어 버렸어요.

❽ [정답] ⓒ
[해석] 그 사람은 마치 본 것처럼 그 영화에 대해 이야기하고 있었어요.

❾ [정답] ⓐ
[해석] 뉴스 속보에 의하면 해일 걱정은 없다고 해요.

❿ [정답] ⓓ
[해석] 그 사람은 항상 재미있는 농담을 해서 모두를 웃기게 해요.

51~60 ················· 131쪽

❶ [정답] ⓐ
[해석] 올해 겨울은 작년 겨울만큼 춥지 않았다.

❷ [정답] ⓐ
[해석] 오후에 갑자기 비가 내리기 시작했다.

❸ [정답] ⓒ 明るかった → 明るい
[해석] 기온도 낮아졌고 밤길은 위험하니까 밝을 동안에 빨리 돌아가요.

❹ [정답] ⓐ 願って → 願っても
[해석] 아무리 빌어도 안 되는 건 안 되는 거라고 어머니가 말했어요.

❺ [정답] ⓑ ことに → 通りに
[해석] 그 사람이 말한 대로 했습니다만 도무지 잘 할 수 없었어요.

❻ [정답] ⓐ
[해석] 저에게 전화를 계속 거는 건 그만둬 주세요.

❼ [정답] ⓐ
[해석] 여기는 버스가 10분 걸러 오니까 이제 곧 올 거예요.

❽ [정답] ⓓ
[해석] 설령 대통령이라도 법률을 마음대로 바꿔서는 안 돼요.

❾ [정답] ⓐ
[해석] 지금부터 공부를 하려던 참이니까 방해하지 말아 주세요.

❿ [정답] ⓑ
[해석] 시험 동안에는 옆 사람과 이야기를 해서는 안 돼요.

61~70 ················· 137쪽

❶ [정답] ⓒ
[해석] 선생님의 설명은 이해하기 쉬워요.

❷ [정답] ⓐ
[해석] 큰 태풍에 의해 여기저기서 피해가 나오고 있어요.

❸ [정답] ⓐ
[해석] 어제는 비가 내린 덕분에 시원하게 보낼 수 있었어요.

❹ [정답] ⓐ
[해석] 그 사람은 영어뿐만 아니라 독일어도 할 수 있어요.

❺ [정답] ⓒ おかげで → せいで
[해석] 최근 일본에 갔을 때는 일본어를 잘 못한 탓에 여러 가지로 고생했어요.

❻ [정답] ⓒ 代わりを → 代わりに
[해석] 그 사람은 지금 바쁘니까 거기에는 그 대신에 제가 가기로 했어요.

❼ [정답] ⓑ に対して → について
[해석] 이번 사건에 대해서 경찰에서는 아직 아무런 발표도 없어요.

171

❽ [정답] ⓒ
[해석] 놀고만 있지 말고 가끔은 공부도 하세요.
❾ [정답] ⓒ
[해석] 부모님에게 그런 말을 하다니 깜짝 놀랐어요.
❿ [정답] ⓒ
[해석] 이 책은 한자가 많아서 조금 이해하기 어려워요.

71~80 ·········· 143쪽

❶ [정답] Ⓑ
[해석] 돈이 많이 있어도 행복한 것은 아니다.
❷ [정답] Ⓐ
[해석] 감기에 걸렸을 때에는 자는 게 최고다.
❸ [정답] Ⓐ
[해석] 선생님이 말한 것이기 때문에 안 할 수는 없다.
❹ [정답] Ⓑ
[해석] 생선은 별로 좋아하지 않지만 안 먹는 것은 아니다.
❺ [정답] Ⓑ 歌い → 歌う
[해석] 이 노래를 부를 때마다 그녀와의 추억이 생각난다.
❻ [정답] Ⓐ
[해석] 아들을 마중하러 가는 김에 편지를 부쳤다.
❼ [정답] Ⓑ
[해석] 이야기하는 것이 서투른 그 사람이 그 발표회에 갈 리가 없다.
❽ [정답] Ⓐ
[해석] 그 사람은 틈만 있으면 소설을 읽고 있어요.
❾ [정답] ⓒ
[해석] 거기에 도착하는 대로 제게 연락해 주세요.
❿ [정답] Ⓑ
[해석] 담당자인 당신도 이번 연수에 참가해야만 한다고 생각해요.

CHAPTER 3

실전 모의고사 정답 및 해석

V. 정답 찾기 .... 146~147쪽

101 [정답] Ⓐ

[해석] 몸에 좋은 약은 쓴 법입니다.
[어휘] 体 몸, 良い 좋다, 薬 약, 苦い 쓰다, 동사 기본형+ものだ ~한 법이다, 苦しい 괴롭다, 鈍い 둔하다, きつい 힘들다

102 [정답] Ⓒ

[해석] 어떻게 된 거죠? 안색이 창백해요.
[어휘] 顔色 안색, 真っ青だ 새파랗다, 창백하다, 真っ赤だ 새빨갛다

103 [정답] Ⓒ

[해석] 이라크는 천연자원이 풍부한 나라 중에 하나이다.
[어휘] イラク 이라크, 天然 천연, 資源 자원, 豊富だ 풍부하다, 国 나라

104 [정답] Ⓐ

[해석] 그 사람의 이야기를 듣고 분노를 억누를 수 없었다.
[어휘] 怒り 분노, 抑える 억누르다, 堪える 참다, 견디다, 応える 부응하다, 迎える 맞이하다

105 [정답] Ⓐ

[해석] 이 번화가는 휴일인데도 한산하다.
[어휘] 繁華街 번화가, 休日 휴일, 閑散 한산

106 [정답] Ⓒ

[해석] 그 사람은 스스로의 의지를 관철시켜 연구를 완성시켰다.
[어휘] 自ら 스스로, 意志 의지, 貫き通す 관철하다, 研究 연구, 完成する 완성하다,

平ら 평평함, 疎ら 드문드문함, 自ずから 저절로

107 [정답] Ⓒ

[해석] 자신만만한 그 사람의 앞길을 막을 사람은 아무도 없었다.
[어휘] 自信満々 자신만만, 行く手 앞길, 阻む 막다, 저지하다, 拒む 거부하다, 否む 부정하다, 営む 경영하다

108 [정답] Ⓐ

[해석] 아침부터 시끄러운 소리가 나서 6시에 잠을 깼다.
[어휘] 朝 아침, うるさい 시끄럽다, 音がする 소리가 나다, 소리가 들리다, 目が覚める 잠을 깨다, 冷める 식다

109 [정답] Ⓑ

[해석] 2시간이나 기다리고 있었는데도 결국 그녀는 오지 않았다.
[어휘] ~のに ~인데도, ~이지만, 遂に 결국, 徐に 서서히

110 [정답] Ⓐ

[해석] 음주운전으로 사고를 일으켜 버렸다니 자업자득이다.
[어휘] 飲酒運転 음주운전, 事故を起こす 사고를 일으키다, ~なんて ~라니, 自業自得 자업자득

111 [정답] Ⓐ

[해석] 올해 여름은 작년 만큼 덥지 않았다.
Ⓐ 작년 여름 쪽이 더 더웠다
Ⓑ 올해 여름 쪽이 더 더웠다
Ⓒ 작년도 올해도 그다지 덥지 않았다
Ⓓ 작년과 올해는 거의 비슷한 더위였다
[어휘] 今年 올해, 夏 여름, 去年 작년, ~ほど ~ない ~만큼 ~하지 않다, 暑い 덥다, さほど 그다지, ほぼ 거의, 同じだ 똑같다

112 [정답] Ⓐ

[해석] 다음 주 미국에 출장을 가기로 되어 있다.

Ⓐ 출장이 결정되어 있다

Ⓑ 출장은 가지 않을 것이다

Ⓒ 출장을 가도 상관없다

Ⓓ 출장을 갈지 안 갈지 아직 확실히 모른다

[어휘] 来週(らいしゅう) 다음 주・アメリカ 미국・出張(しゅっちょう) 출장・~ことになっている ~하기로 되어 있다・決(き)まる 결정되다・동사 て형+てもかまわない ~해도 상관없다・~かどうか ~인지 아닌지・はっきり 확실히

113 [정답] Ⓒ

[해석] 가뭄 탓에 올해는 특히 작황이 좋지 않다고 한다.

Ⓐ 정말로

Ⓑ 더욱

Ⓒ 특히

Ⓓ 주로

[어휘] 日照(ひで)り 가뭄・~(の)せいで ~탓에・殊(こと)に 특히・出来(でき) 작황・正(まさ)に 정말로・更(さら)に 더욱・特(とく)に 특히・主(おも)に 주로

114 [정답] Ⓐ

[해석] 나는 생선회를 아주 좋아한다.

Ⓐ 아주 좋아한다

Ⓑ 아주 싫어한다

Ⓒ 먹고 싶지 않다

Ⓓ 먹은 적이 없다

[어휘] さしみ 생선회・目(め)がない 아주 좋아하다・とても 아주, 매우・好(す)きだ 좋아하다・嫌(きら)いだ 싫어하다・동사 ます형+たい ~하고 싶다・동사 た형+たことがない ~한 적이 없다

115 [정답] Ⓐ

[해석] 첫 공연이었기 때문에 긴장해 버렸다.

Ⓐ 얼어

Ⓑ 받아

Ⓒ 남아

Ⓓ 들어

[어휘] 初公演(はつこうえん) 첫 공연・緊張(きんちょう)する 긴장하다・上(あ)がる 얼다, 긴장하다・受(う)ける 받다・残(のこ)る 남다・持(も)つ 가지다, 들다

116 [정답] Ⓑ

[해석] 몇 번이나 선생님에게 부탁 받은 일이니까 하지 않을 수는 없다.

Ⓐ 해도 상관이 없다

Ⓑ 하지 않을 수 없다

Ⓒ 한다고는 볼 수 없다

Ⓓ 하지 않는 게 좋다

[어휘] 何度(なんど)も 몇 번이나・頼(たの)む 부탁하다・동사 ない형+ないわけにはいかない ~하지 않을 수는 없다・동사 ない형+ざるを得(え)ない ~하지 않을 수 없다・~とは限(かぎ)らない ~인 것은 아니다, ~라고는 볼 수 없다

117 [정답] Ⓓ

[해석] 야마다 군은 정말로 경제에 밝은 사람입니다.

Ⓐ 저는 조명을 밝게 하지 않으면 잘 수 없습니다.

Ⓑ 우리들의 노후생활은 밝다고는 말할 수 없습니다.

Ⓒ 그녀의 밝은 성격이 마음에 들어 사귀려고 생각했습니다.

Ⓓ 이것은 법률에 밝은 그 사람에게 물어보는 게 좋다고 생각합니다.

[어휘] 経済(けいざい) 경제・明(あか)るい 밝다, 정통하다・照明(しょうめい) 조명・寝(ね)る 자다・老後生活(ろうごせいかつ) 노후생활・性格(せいかく) 성격・気(き)に入(い)る 마음에 들다・付(つ)き合(あ)う 사귀다, 교제하다・法律(ほうりつ) 법률

118 [정답] Ⓓ

[해석] 역에 도착하자마자 저에게 전화해 주십시오.

Ⓐ 합격할 수 있을지 어떨지는 당신의 노력에 달려 있다.
Ⓑ 점차 추워지고 있습니다만 별일 없으십니까?
Ⓒ 이번 시험 결과에 따라서 승진할지도 모른다.
Ⓓ 준비가 다 되자마자 출발합니다.

[어휘] 駅 역・着く 도착하다・電話する 전화하다・合格する 합격하다・努力 노력・명사+次第だ ~에 달려 있다・次第に 점차・寒い 춥다・お変わりありませんか 별일 없으십니까・試験 시험・結果 결과・명사+次第で ~에 따라서・昇進する 승진하다・準備 준비・できる 다 되다・出発する 출발하다

119 [정답] Ⓐ

[해석] 이것은 스즈키 선생님께서 그리신 그림입니다.
Ⓐ 최근 일은 어떠십니까?
Ⓑ 부장님께 여쭙고 싶은 게 있습니다만.
Ⓒ 합격할 수 있었던 것은 전부 선생님 덕분입니다.
Ⓓ 그 사람은 일본 요리 중에서 주먹밥을 가장 좋아한다고 한다.

[어휘] お+동사 ます형+になる ~하시다・描く 그리다・絵 그림・部長 부장・おかげ 덕분・料理 요리・~の中で ~중에서・~が一番~ ~이(가) 가장~・おにぎり 주먹밥・기본형+そうだ ~라고 한다

120 [정답] Ⓓ

[해석] 매운 음식은 별로 좋아하지 않는다.
Ⓐ 냉장고 안에 아무 것도 없다.
Ⓑ 경제는 나도 잘 모른다.
Ⓒ 이 책은 읽은 적이 없다.
Ⓓ 먹어 보니 생각했던 것보다 맛있지 않았다.

[어휘] 辛い 맵다・食べ物 음식・あまり 그다지, 별로・冷蔵庫 냉장고・読む 읽다・思ったより 생각했던 것보다・美味しい 맛있다

VI. 오문 정정 ··········· 148~149쪽

121 [정답] Ⓑ ので → のに

[해석] 이렇게 심한 비가 내리고 있는데도 외출한다니 당치도 않다.
[어휘] こんなに 이렇게・激しい 심하다, 격렬하다・雨が降る 비가 내리다・~ので ~이기 때문에・~のに ~인데도, ~이지만・出かける 외출하다・とんでもない 당치도 않다

122 [정답] Ⓓ 考える → 考えた

[해석] 그 문제는 모두가 곰곰이 생각한 후에 결정합시다.
[어휘] 問題 문제・じっくり 곰곰이・동사 た형+た後で ~한 후에・決める 결정하다

123 [정답] Ⓐ 書いている → 書いてある

[해석] '낙서금지'라고 써져 있는데도 벽은 벌써 낙서로 가득 차 있었다.
[어휘] 落書き 낙서・禁止 금지・타동사+てある ~해져 있다・壁 벽・もう 이제, 이미, 벌써・いっぱい 가득, 잔뜩

124 [정답] Ⓑ 水 → お湯

[해석] 아이가 부엌의 주전자의 뜨거운 물을 엎질러 화상을 입어 버렸다.
[어휘] 台所 부엌・やかん 주전자・水 물・お湯 뜨거운 물・こぼす 엎지르다・火傷を負う 화상을 입다

125 [정답] Ⓒ 1台 → 1個

[해석] 그 사람 책상 위에는 연필이 세 자루, 지우개가 한 개 놓여 있었습니다.
[어휘] 机 책상・鉛筆 연필・~本 ~자루・消しゴム 지우개・~台 ~대・~個 ~개・置く 놓다, 두다

126 [정답] Ⓓ 楽しく → 楽しみ

[해석] 다음 주 친한 친구가 놀러 오기 때문에 기대하고 있습니다.

[어휘] 親友 친한 친구 · 遊ぶ 놀다 · 동사 ます형/동작성 명사+に来る ~하러 오다 · 楽しみにしている 기대하고 있다

127 [정답] Ⓐ お → ご

[해석] 주문하신 상품은 내일 배달해 드리겠으므로 걱정하지 마십시오.

[어휘] 注文 주문 · なさる 하시다 · 商品 상품 · 届ける 배달하다 · 心配 걱정, 염려

128 [정답] Ⓓ できません → になれません

[해석] 유감스럽게도 이 수영장은 회원 이외의 분은 이용하실 수 없습니다.

[어휘] 残念ながら 유감스럽게도 · プール 수영장 · 会員 회원 · 以外 이외 · 利用 이용 · ご+한자어+になる ~하시다

129 [정답] Ⓐ 間に → 間

[해석] 스즈키 군은 수업 동안에 계속 옆 사람과 잡담만 해서 선생님에게 주의를 받았다.

[어휘] ~間に ~하는 동안에, ~하는 사이에 · ずっと 쭉, 계속 · 隣 이웃, 옆 · おしゃべり 잡담 · ~ばかり ~만, ~뿐 · 注意される 주의를 받다

130 [정답] Ⓑ ならない → 入らない

[해석] 그녀로 말하자면 마음에 안 드는 일이 있으면 바로 벌컥 화를 내니까 조심해.

[어휘] ~ときたら ~로 말하자면 · 気になる 신경이 쓰이다 · 気に入らない 마음에 안 들다 · すぐ 곧, 바로 · かっとなる 벌컥 화를 내다 · 気を付ける 조심하다

131 [정답] Ⓐ 初印象 → 第一印象

[해석] 사람의 첫인상은 15초만에 결정되어 버리지만 그걸 바꾸는 데는 6개월은 걸린다고 한다.

[어휘] 第一印象 첫인상 · ~秒 ~초 · 決まる 결정되다 · 変える 바꾸다 · かかる 걸리다

132 [정답] Ⓑ した → して

[해석] 그녀와는 졸업한 이래 한 번도 만나지 못했습니다.

[어휘] 卒業する 졸업하다 · 동사 て형+て以来 ~한 이래 · 一度も 한 번도 · 会う 만나다

133 [정답] Ⓑ もので → ものの

[해석] 입춘이라고는 하지만 아직 아침저녁은 추운 날이 이어지고 있습니다.

[어휘] 立春 입춘 · ~ものの ~이지만 · 朝晩 아침저녁 · 寒い 춥다 · 続く 이어지다

134 [정답] Ⓑ 怪しい → 卑しい

[해석] 기무라 군만큼 돈에 쩨쩨한 사람은 지금까지 본 적이 없다.

[어휘] ~ほど ~만큼 · お金に卑しい 돈에 쩨쩨하다 · 今まで 지금까지

135 [정답] Ⓐ 流して → こぼして

[해석] 푸념을 늘어놓고만 있지 말고 냉큼 일을 하세요.

[어휘] 愚痴をこぼす 푸념을 늘어놓다 · 동사 て형+てばかりいる ~하고만 있다 · さっさと 냉큼, 후딱 · 仕事をする 일을 하다

136 [정답] Ⓓ かねる → かねない

[해석] 획일적인 지금의 교육은 개성 넘치는 그 아이의 재능을 없앨지도 모른다.

[어휘] 画一的 획일적 · 教育 교육 · 個性 개성 · 溢れる 넘치다 · 才能 재능 · 殺す 죽이다, 없애다 · 동사 ます형+かねる ~하기 힘들다 · 동사 ます형+かねない ~할지도 모른다

137 [정답] Ⓐ こだわり → 備え

[해석] '준비가 있으면 걱정이 없다(유비무환)'라는 속담처럼 미리 준비해 두자.

[어휘] こだわり 구애 · 備えあれば憂い無し

유비무환, ことわざ 속담, 前もって 미리, 사전에, 準備する 준비하다, 동사 て형+ておく ~해 두다

138 [정답] ⓒ 馬 → 虫

[해석] 아무리 생각해 봐도 그 사람의 주장은 단순한 뻔뻔한 이야기에 지나지 않는다고 생각한다.
[어휘] いくら ~ても 아무리 ~해도, 主張 주장, 単なる 단순한, 馬 말, 虫がいい 뻔뻔하다, ~に過ぎない ~에 지나지 않다

139 [정답] ⓒ 頭打ちに → 頭ごなしに

[해석] 제대로 된 설명도 없이 아이를 무턱대고 야단치는 것은 좋지 않다.
[어휘] きちんと 제대로, 확실히, 説明 설명, 頭打ち 한계점, 최고점, 頭ごなしに 무턱대고, 함부로, 叱り付ける 야단치다

140 [정답] ⓓ もってのほか → もってこい

[해석] 여기는 강과 산뿐만 아니라 습지도 있기 때문에 벌레를 관찰하기에는 안성맞춤인 장소입니다.
[어휘] 川 강, 山 산, ~のみならず ~뿐만 아니라, 湿地 습지, 虫 벌레, 観察する 관찰하다, もってのほか 터무니없음, 당치도 않음, もってこい 안성맞춤, 場所 장소

Ⅶ. 공란 메우기 ······· 150~154쪽

141 [정답] Ⓑ

[해석] 종료 리포트는 내일까지 제출해 주십시오.
[어휘] 終了 종료, レポート 리포트, 보고서, 明日 내일, ~までに (늦어도) ~까지, 提出する 제출하다

142 [정답] Ⓐ

[해석] 스즈키 씨는 여전히 노래를 잘했다.
[어휘] 相変わらず 여전히, 변함없이, 歌 노래, ~が上手だ ~을(를) 잘하다

143 [정답] Ⓐ

[해석] 어제는 심한 감기로 회사를 쉬었다.
[어휘] 昨日 어제, ひどい 심하다, 風邪 감기, 会社を休む 회사를 쉬다

144 [정답] ⓒ

[해석] 그 사람은 지금 무역회사에 근무하고 있습니다.
[어휘] 貿易会社 무역회사, ~に勤める ~에 근무하다

145 [정답] Ⓓ

[해석] 안 좋은 일이라도 있었는지 그 사람은 맥주를 세 병이나 마셨다.
[어휘] 悪い 나쁘다, 안 좋다, ビール 맥주, ~本 ~병, ~枚 ~장, ~冊 ~권, ~匹 ~마리

146 [정답] Ⓑ

[해석] 올려다보니 한 마리의 새가 하늘을 날고 있었습니다.
[어휘] 見上げる 올려다보다, ~羽 ~마리(새), 空を飛ぶ 하늘을 날다

147 [정답] Ⓑ

[해석] 지금부터 슈퍼마켓에 갈 건데 뭔가 필요한 물건은 없습니까?
[어휘] 今から 지금부터, スーパー 슈퍼마켓, 必要だ 필요하다, 正確だ 정확하다, 得意だ 능숙하다, 親切だ 친절하다

148 [정답] Ⓐ

[해석] 이번에 성공할 수 있었던 것은 전부 다나카 씨 덕분입니다.
[어휘] 成功する 성공하다, 全部 전부, おかげ 덕분, お礼 답례, 보답, お祝い 축하

149 [정답] Ⓑ

[해석] 마중하러 갈 테니까 사양하지 말고 역에 도착하면 연락해 주십시오.

[어휘] 迎え 마중, 遠慮 사양, ~せずに ~하지 않고, ~하지 말고, 駅 역, 着く 도착하다, 連絡する 연락하다

150 [정답] Ⓑ

[해석] 어제는 하루 종일 방에서 음악을 들으면서 보냈다.

[어휘] 昨日 어제, 一日中 하루 종일, 部屋 방, 音楽を聞く 음악을 듣다, 동사 ます형+ながら ~하면서, 過ごす 지내다, 보내다

151 [정답] Ⓓ

죽은 셈 치고 하면 불가능한 것도 아니다.
死ぬ 죽다, 동사 た형+たつもりで ~한 셈치고

152 [정답] Ⓒ

[해석] 음료는 커피로 하겠습니까? 그렇지 않으면 홍차로 하겠습니까?

[어휘] 飲み物 음료, コーヒー 커피, ~にする ~로 하다, それとも 그렇지 않으면, 紅茶 홍차, そして 그래서, それで 그래서, それから 그리고 나서

153 [정답] Ⓒ

[해석] 지금 잔돈이 없네요. 죄송한데 이 지폐, 잔돈으로 바꿔 주실 수 있겠습니까?

[어휘] 細かいお金 잔돈, 紙幣 지폐, 崩す 무너뜨리다, 잔돈으로 바꾸다, 동사 て형+ていただけますか ~해 주실 수 있겠습니까, 壊す 부수다, 贈る 선물하다, 破る 찢다

154 [정답] Ⓐ

[해석] 몇 번이나 이사를 한 탓에 우리집 가구는 여기저기가 흠집투성이다.

[어휘] 引っ越し 이사, ~せいで ~탓에, 家具 가구, あっちこっち 여기저기, 傷 흠집, 상처, ~だらけ ~투성이, ~気味 ~한 기운, ~한 기색, 동사 ます형+がち ~하기 쉬움

155 [정답] Ⓐ

[해석] 오늘은 왠지 학교에 가고 싶지 않다.

[어휘] 今日 오늘, どことなく 왠지, 学校 학교, 동사 ます형+たい ~하고 싶다

156 [정답] Ⓓ

[해석] 두 번에 걸친 발굴조사도 이제 곧 끝난다.

[어휘] ~にわたる ~에 걸친, 発掘 발굴, 調査 조사, もうすぐ 이제 곧, 終わる 끝나다

157 [정답] Ⓐ

[해석] 추웠던 겨울도 지나 완전히 봄다워졌다.

[어휘] 寒い 춥다, 冬 겨울, 過ぎる 지나다, 지나가다, すっかり 완전히, 春 봄, 명사+めく ~다워지다, よほど 어지간히, 상당히, さぞ 아마, 필시, くまなく 구석구석, 남김없이

158 [정답] Ⓑ

[해석] 어머니는 항상 장남만 편애한다.

[어휘] 母 어머니, 長男 장남, ひいきする 편애하다, 字引 사전, いびき 코를 곪, 浮気 바람기

159 [정답] Ⓓ

[해석] 그 사람이 이번 사고를 일으킨 장본인이다.

[어휘] 事故を起こす 사고를 일으키다, 張本人 장본인

160 [정답] Ⓑ

[해석] 어제는 눈이 핑핑 돌 만큼 바빴다.

[어휘] 昨日 어제, 目が回る 눈이 핑핑 돌다, 몹시 바쁘다, 忙しい 바쁘다, 髪 머리카락, 首 목, 腕 팔

161 [정답] Ⓑ

[해석] 이 스웨터는 내가 남자친구를 위해서 진심을 담아 짠 것이다.

[어휘] セーター 스웨터, 彼氏 남자친구, 真心 진심, ~をこめて ~을(를) 담아, 編む 짜다

짜다 · 困る 곤란하다 · 添える 첨가하다 · 替える 바꾸다, 교체하다

162 [정답] Ⓑ

[해석] 컴퓨터는 매우 많은 양의 정보를 순식간에 처리할 수 있다.

[어휘] コンピューター 컴퓨터 · 夥しい 매우 많다 · 量 양 · 情報 정보 · 瞬時に 순식간에 · 処理する 처리하다 · うっとうしい 우울하다 · 眩しい 눈부시다 · 晴れ晴れしい 맑게 개어 있다, 마음이 개운하다

163 [정답] Ⓒ

[해석] 그 사람이 그런 범행을 했다니 도저히 믿기 힘들다.

[어휘] 犯行 범행 · ~とは ~하다니 · 到底 도저히 · 信じる 믿다 · 동사 ます형+がたい ~하기 힘들다 · 동사 ます형+かねない ~할지도 모른다 · 동사 ます형+やすい ~하기 쉽다 · 難しい 어렵다

164 [정답] Ⓐ

[해석] 그 사람과의 결혼을 결심한 것은 그 사람의 명랑한 성격이 마음에 들었기 때문입니다.

[어휘] 結婚 결혼 · 決心する 결심하다 · 朗らかだ 명랑하다 · 性格 성격 · 気に入る 마음에 들다 · 柔らかだ 부드럽다 · なだらかだ 경사가 완만하다 · うららかだ 날씨가 화창하다

165 [정답] Ⓐ

[해석] 지금 그 이야기를 하면 공황상태에 빠질지도 모르니까 말하지 않는 게 좋다.

[어휘] パニックに陥る 패닉에 빠지다, 공황상태에 빠지다 · ~かもしれない ~할지도 모른다 · 落ちる 떨어지다 · はまる 열중하다, 몰두하다 · 減らす 줄이다

166 [정답] Ⓐ

[해석] 그런 건방진 태도만 취하고 있으면 주위의 반감을 살지도 몰라.

[어휘] 横柄だ 건방지다 · 態度 태도 · 周り 주위 · 反感を買う 반감을 사다 · 陽気だ 명랑하다 · 気さくだ 싹싹하다 · 几帳面だ 꼼꼼하다

167 [정답] Ⓑ

[해석] 사회생활에서는 학력보다 독창성이 이전보다 더 중요해졌다.

[어휘] 社会生活 사회생활 · 学歴 학력 · 独創性 독창성 · 以前 이전 · ~にもまして ~보다 더 · 重要する 중요하다 · ~はさておいて ~은(는) 제쳐두고 · ~によって ~에 의해, ~에 따라 · ~を問わず ~을(를) 불문하고

168 [정답] Ⓑ

[해석] 오늘은 아침부터 맑아서 정말로 세탁하기에 좋은 날씨네.

[어휘] 朝 아침 · 晴れる 맑다, 개다 · 正に 실로, 정말로 · 洗濯 세탁, 빨래 · 명사+日和 ~하기에 좋은 날씨 · 天候 날씨 · 空模様 날씨 · 天気 날씨

169 [정답] Ⓓ

[해석] 사이가 좋았던 두 사람은 감정의 골이 깊어져 결국 헤어져 버렸다.

[어휘] 仲がいい 사이가 좋다 · 溝 도랑, 감정의 골 · 深まる 깊어지다 · 結局 결국 · 別れる 헤어지다 · 泉 샘 · 岸 물가, 해안 · 河原 강가의 모래밭

170 [정답] Ⓑ

[해석] 어려운 일을 척척 해내는 그 사람이 부럽다.

[어휘] 仕事 일 · てきぱき 일을 척척 해내는 모양 · こなす 해내다 · 羨ましい 부럽다 · もやもや 마음 따위가 개운하지 않은 모양 · もくもく 연기 따위가 피어 오르는 모양 · じりじり 조금씩 나아가는 모양

VIII. 독해 ·· 155~162쪽

(171~174)

[정답] **171** Ⓑ **172** Ⓓ **173** Ⓐ **174** Ⓐ

[해석] 최근에 인플루엔자가 유행하고 있는 것 같은데 뉴스에 따르면 타이완에서는 약 11만 명의 사람들이 걸렸다고 합니다. 그리고 저도 지난주에 그만 가벼운 감기에 걸렸습니다. 곧 나을 거라고 생각하고 있었는데 다음날에는 목이 더 아파졌을 뿐만 아니라 콧물도 멈추지 않았습니다. 머리도 어질어질하고 왜인지 한층 심해졌습니다. 그래서 저는 황급히 병원에 가 의사 선생님에게 진찰을 받았습니다. 집에 돌아와 죽을 먹고 약을 먹은 후에 침대 위에 축 늘어져 누워서 그대로 밤까지 푹 잠들었습니다.

다음날 아침에 일어나니 상당히 기분이 좋아진 느낌이 들었습니다만 아직 (1)나은 것은 아니었습니다. 그 후로도 이틀간 제대로 수면을 취하고 약을 먹어 지금은 완전히 나았습니다. 지금의 저에게 있어 병은 실로 성가신 존재입니다. 수험생인 저에게는 정말로 '(2)시간은 금'이라 감기에 걸리면 공부 시간이 줄어들어 큰일이 날지도 모릅니다. 앞으로는 건강에 유의해야만 한다고 생각했습니다.

[어휘] インフルエンザ 인플루엔자・流行る 유행하다・~によると ~에 의하면・かかる 걸리다・そして 그리고・うっかり 그만・軽い 가볍다・風邪を引く 감기에 걸리다・治る 낫다・翌日 다음날・喉 목・痛い 아프다・~上に ~일뿐만 아니라・鼻水 콧물・止まる 멈추다・くらくら 어질어질・一層 한층・ひどい 심하다・それで 그래서・慌てる 황급히 굴다・お医者さん 의사 선생님・診る 진찰하다・おかゆ 죽・薬を飲む 약을 먹다・ぐったり 축 늘어진 모양・横になる 눕다・寝込む 푹 잠들다・次の朝 다음날 아침・起きる 일어나다・大分 꽤, 상당히・気がする 느낌이 들다, 생각이 들다・~わけではない ~인 것은 아니다・しっかり 제대로, 확실히・睡眠を取る 수면을 취하다・完全に 완전히・~にとって ~에 있어・病気 병・実に 실로・厄介 성가시다, 귀찮다・受験生 수험생・正に 실로, 정말로・時は金なり 시간은 금이다・削る 깎다・大変だ 큰일이다, 힘들다・今後 금후, 앞으로・体に気を付ける 건강에 유의하다・동사 기본형+べきだ ~해야 한다

咳 기침・間違いなく 틀림없이・なせばなる 하면 된다・知らぬが仏 모르는 게 약・月とすっぽん 하늘과 땅 차이・思い出 추억・作る 만들다・専念する 전념하다・力を入れる 힘을 쏟다

(175~177)

[정답] **175** Ⓐ **176** Ⓑ **177** Ⓑ

[해석] 제가 부활동(1)을 통해서 얻은 것은 세 가지가 있습니다. 우선 강한 정신력입니다. 저는 남자농구부에 소속되어 있습니다만 처음에는 연습에 따라 가는 게 고작이었습니다. 그래서 그만둘까 하고 생각한 적이 몇 번이나 있었습니다만 같은 학년의 (2)S군이 열심히 연습하고 있는 모습을 보고 저도 지고 있을 수는 없다는 마음이

들었습니다. 달리는 연습에서는 S군과 서로 지지 않겠다고 정하고 노력해 왔습니다. 그러자 달리고 있을 때 '아직 달릴 수 있다'고 몇 번이나 자신의 마음속에서 생각하게 되었고 정신력을 높일 수 있었습니다. 두 번째로 얻은 것은 다른 사람과의 관계를 소중히 할 수 있었던 것입니다. 저는 부활동에서 지금까지 그다지 경험한 적이 없는 좋은 인간관계를 만들 수 있었습니다. 팀 동료와는 승부하는 경우가 많았습니다만 마지막에는 전체가 서로 격려하여 끝까지 갈 수 있었습니다. 이와 같은 서로 신뢰할 수 있는 관계를 만들 수 있었던 것도 부활동이 있었기 때문이라고 생각합니다. 마지막 세 번째는 협력하는 것의 소중함입니다. 농구는 혼자서 하는 운동이 아니기 때문에 자신 이외의 사람과 협력해서 좋은 시합을 해야만 합니다. 부원 모두와 힘을 합쳐 시합에 임할 때야말로 좋은 시합을 할 수 있는 것입니다.

[어휘] 部活動 부활동・~を通して ~을(를) 통해서・得る 얻다・強い 강하다・精神力 정신력・男子 남자・バスケットボール部 농구부・所属する 소속되다・練習 연습・精一杯 고작・止める 그만두다・同学年 같은 학년・姿 모습・負ける 지다・走る 달리다・お互いに 서로・心 마음・高める 높이다・関わり 관계・大切だ 소중하다・経験する 경험하다・人間関係 인간관계・作る 만들다・チームメイト 팀 동료・勝負する 승부하다・多い 많다・総体 총체, 전체・励まし合う 서로 격려하다・やり切る 끝까지 하다・信頼し合う 서로 신뢰하다・協力する 협력하다・以外 이외・試合 시합・部員 부원・力を合わせる 힘을 합치다・臨む 임하다

~において ~에 있어서・~にもまして ~보다 더・~にかかわらず ~에 관계없이・熱心 열심・刺激を与える 자극을 주다・責任感 책임감

(178~180)

[정답] 178 D 179 A 180 C

[해석] 중학생 때 작문에 쓴 대로 화학의 길로 나아가 노벨상까지 받은 사람은 멋지다고 생각하고, 그 길을 계속 갈 수 있었던 것은 아마 행운도 있었을 거라고 생각한다. 사람에 따라서는 결심을 하고 그 길로 들어갔지만 (1)단념해야만 하는 사정도 일어날 수 있다.

나는 어릴 때는 비행기를 타는 사람이 되고 싶었지만 얼마 지나지 않아 그 목표는 비행기를 만드는 사람으로 바뀌었다. 그러나 그것도 사고를 일으키면 큰일 날 것 같다고 생각해 바로 그만뒀다. 초등학교 때 쓴 작문에 '마흔 살의 나'라는 게 있었는데 나는 '실험을 하는 사람이 되어 시험관을 흔들거나 모르모트를 상대로 하고 있을지도 모른다'고 적었던 것 같다. '의사가 될 것이다'라고 적었는지는 기억나지 않는다. 여러 가지 우여곡절이 있어 나는 지금 개업의로서 일을 하고 있는데 가끔은 쥐도 상대하고 있다. 모르모트가 아니라 아들의 애완동물인 햄스터이지만 쥐임에는 틀림없을 것이다. 또 선배, 친구의 이해를 얻어 (2)잠시 시험관을 흔들 기회가 지금도 있는 것은 행복한 일이다.

[어휘] 中学生 중학생, 作文 작문, 化学 화학, 進む 나아가다, ノーベル賞 노벨상, 素晴らしい 멋지다, ずっと 계속, 続ける 계속하다, たぶん 아마, 幸運 행운, ～によって ～에 따라, 意を決する 결심을 하다, ～ものの ～이지만, 断念する 단념하다, 동사 ない형+ざるを得ない ～하지 않을 수 없다, 事情 사정, 起こり得る 일어날 수 있다, 飛行機 비행기, ～に乗る ～을(를) 타다, 目標 목표, 変わる 바뀌다, 변하다, 事故を起こす 사고를 일으키다, 実験 실험, 試験管 시험관, 振る 흔들다, モルモット 모르모트, 相手 상대, 覚える 외우다, 기억하다, 紆余曲折 우여곡절, 開業医 개업의, ～として ～로서, たまには 가끔은, ねずみ 쥐, ペット 애완동물, ハムスター 햄스터, ～に違いない ～임에 틀림없다, 先輩 선배, 友人 친구, 理解を得る 이해를 얻다, 少々 잠시, 機会 기회, 幸せだ 행복하다

동사 ます형+にくい ～하기 힘들다, 동사 ます형+かねない ～할지도 모른다, もともと 원래, 好きだ 좋아하다, 嬉しい 기쁘다, 幼い 어리다, 夢 꿈

(181~184)

[정답] **181** Ⓒ **182** Ⓓ **183** Ⓐ **184** Ⓓ

[해석] 나는 급식이 원인으로 초등학교 1학년 때 아주 괴로운 체험을 했다. 당시 담임 선생님의 제안으로 반마다 급식을 시간 내에 남기지 않고 먹을 수 있으면 교실 벽에 붙여진 큰 종이에 빨갛고 둥근 실이 붙여져 갔다. 따라서 잔반이 적은 반은 긴 막대그래프 모양으로 실이 붙여져 다른 반에 대해 (1)우월감에 잠길 수 있었다. 우리들 2반은 나를 포함해 남자 두 명, 그리고 체격이 좋은 여자가 세 명 있었다. 그런 상태니까 다른 반은 우유를 마시지 못하는 학생이 있거나 몸집이 작은 여자가 시간 내에 먹지 못하거나 해서 실은 그다지 붙여지지 않았지만 우리 반만 무패로 착실하게 실 숫자를 늘려 갔다.

그러던 어느 날, 여느 때처럼 급식을 먹고 있으니 갑자기 배가 아파져서 도저히 밥이 목구멍을 넘어가지 않게 되어 버렸다. 그런 (2)나의 이변을 알아차린 같은 반 여자가 "빨리 먹어! 시간이 없어지잖아!"라며 나를 재촉했지만 결국 밥을 절반 남긴 채로 급식 종료 벨이 울렸다. 나는 복통과 "정말! 바보!"라고 하는 같은 반 여자아이들로부터 욕을 들은 굴욕감을 조용히 참고 있었다. 그런 모습을 보고 있던 담임 선생님은 "어머, 오늘은 안 됐네."라고 말할 뿐이었다.

[어휘] 給食 급식, 原因 원인, 辛い 괴롭다, 体験 체험, 当時 당시, 担任 담임, 提案 제안, 班 반, ～ごとに ～마다, 時間内 시간 내, 残す 남기다, 壁 벽, 貼る 붙이다, 紙 종이, 赤い 빨갛다, 丸い 둥글다, シール 실, 食べ残し 잔반, 少ない 적다, 長い 길다, 棒グラフ状 막대그래프 모양, ～に対して ～에 대해서, 優越感 우월감, 浸る 잠기다, 含める 포함하다, 男子 남자, 体つき 체격, 女子 여자, あまり 그다지, 별로, 無敗 무패, 着実だ 착실하다, 伸ばす 늘리다, ある日 어느 날, 突然 돌연, 갑자기, お腹が痛い 배가 아프다, どうしても 도저히, 喉 목, 通る 통과하다, 異変 이변, 気

付く 깨닫다, 알아차리다 · なくなる 없어지다, 사라지다 · 急き立てる 재촉하다 · 半分 절반 · 동사 た형+たまま ~한 채로 · 終了 종료 · チャイム 벨 · 鳴る 울리다 · お腹の痛み 복통 · ばか 바보 · 罵声を浴びる 욕을 하다 · 屈辱感 굴욕감 · 静かだ 조용하다 · ~に耐える ~을(를) 견디다, 참다 · 様子 모습 · 残念だ 유감이다

奪う 빼앗다 · 強い 강하다 · 劣等感 열등감 · 食欲 식욕 · 旺盛だ 왕성하다 · 腹痛 복통 · 思い出 추억 · 栄養 영양 · 関係 관계 · 懐かしい 그립다 · なぜ 왜, 어째서 · 大事だ 중요하다

(185~188)

[정답] 185 ⓒ 186 ⓑ 187 ⓐ 188 ⓒ

[해석] 신문 투고란에 '잘못된 진단으로 다른 병원에 갔을 때에는 이미 때가 늦었다', '잘 보살펴주지 않았다'라는 의료 불신에 대한 환자의 체험이 적혀 있었다. 하지만 그것은 의료 불신이 아니라 우연히 담당한 의사가 나빴던 것에 지나지 않는다고 생각한다. 그 운이 나쁜 것을 의료 미스라고 하다니 시류에 편승한 '의사 괴롭힘'을 조장하는 듯한 적는 방식은 좋지 않다고 생각한다. (1)자신의 투고가 질이 나쁘다는 것을 이해하지 못하는 사람이 투고해서는 안 된다. 다만 대충 하는 태도가 의사 전반에 만연하고 있다면 '의료 불신'도 어쩔 수 없다.

이것은 경찰이라고 해도 그럴 것이다. 확실히 용서받을 수 없는 사건을 많이 일으키는 경찰관은 어쩔 수 없지만 경찰 전체가 문제가 있는 것 같은 (2)주장을 하는 것은 잘못되었다. 왜냐하면 마을의 안전을 지키는 순경, 오로지 어려운 문제 하나를 위해 돌아다니는 형사 등 정말 평화를 지키고자 하는 의지가 있는 사람도 있기 때문이다. (3)일방적인 의견만 경청해서는 안 된다. 귀를 기울이면 대립되는 의견에도 좋은 의견이 있다는 것도 깨닫는다. 좋은 의견에는 그다지 주목하지 않는 주제에 다른 사람의 트집을 잡는 의견에는 항상 "해 버려, 해 버려!"라고 하는 분위기다. 사람이라는 존재는 괴롭히는 것을 아주 좋아하는 것 같다. 인간은 일방적이니까 언제까지 지나도 분쟁이 사라지지 않는다.

[어휘] 新聞 신문 · 投稿欄 투고란 · 間違う 틀리다, 잘못되다 · 診断 진단 · 病院 병원 · 手遅れ 때가 늦음 · 面倒を見る 보살피다, 돌보다 · 医療 의료 · 不信 불신 · ~に対する ~에 대한 · 患者 환자 · たまたま 우연히 · 当たる 담당하다 · 運 운 · ミス 미스, 실수 · 時流 시류 · いじめ 괴롭힘 · 助長する 조장하다 · 書き方 적는 방식 · 悪質だ 질이 나쁘다, 악질적이다 · いい加減 대충 함 · 態度 태도 · 全般 전반 · 広がる 확대되다, 만연하다 · 仕方がない 어쩔 수 없다 · 警察 경찰 · 確かに 확실히 · 許す 용서하다, 허락하다 · 事件 사건 · 多発する 많이 일어나다 · 警察官 경찰관 · 全体 전체 · いけない 안 되다, 뜻대로 되지 않다 · 言い分 주장 · 安全 안전 · 守る 지키다 · おまわりさん 순경 · 難問題 난문제, 어려운 문제 · 一筋 오로지, 한결같음 · 駆け回る 돌아다니다 · 刑事 형사 · 真に 정말로 · 平和 평화 · 意志 의지 · 一方的 일방적 · 意見 의견 · ~のみ ~만 · 耳を傾ける 경청하다 · 駄目だ 안 되다, 소용없다 · 耳を澄ます 귀를 기울이다 · 対立 대립 · 注目する 주목하다 · ~くせに ~인 주제에 · あら探し 트집잡기 · ムード 무드, 분위기 · 大好きだ 아주 좋아하다 · 経つ 지나다, 경과하다 · 争い 분쟁

きちんと 제대로, 立派だ 훌륭하다, 耳にする 듣다, 言い訳 변명, 言い草 트집, 言い付け 명령, 고자질, 直す 고치다, 동사 기본형+べきだ ~해야 한다, 忙しい 바쁘다, 承知する 알고 있다, 我々 우리들, ~にとって ~에 있어서, ありがたい 고맙다, 存在 존재, 無くす 없애다, 業務量 업무량, 減らす 줄이다, 非難 비난, 雰囲気 분위기, 十分 충분히, 理解する 이해하다

(189~192)

[정답] **189** Ⓑ **190** Ⓐ **191** Ⓑ **192** Ⓓ

[해석] 올해 한신 타이거스가 리그 우승을 하면 전국에 확대될 경제효과는 4124억 엔이라는 시산을 (1)UFJ종합연구소가 1일 발표했다. 전국적인 효과를 산출한 것은 처음이라고 하는데 프로야구의 효과로서는 사상 최대급이라고 보고 있다. 참고로 지금까지 민간의 연구기관 등이 낸 시산은 긴키 지역에서 1000억 엔 정도라고 간주되었다. 시산은 작년까지의 통상적인 수요와는 별도로 올해 새롭게 생겨난 수요만을 계산했다.

직접 효과로서 구장의 입장료 수입이나 교통비 증가분이 약 23억 엔, 백화점이나 상점가에서의 우승 세일이 합계 62억 엔이다. 가장 큰 것은 음식 지출로 구단이 정리한 수치를 (2)근거로 전국의 한신 타이거스 팬은 1500만 명으로 상정했다. 승리에 취해 한 사람당 연간 만 엔을 쓰면 1500억 엔이 된다고 계산했다. 이것에 벌어들인 회사의 사원이 수입을 다른 소비로 돌리거나 응원 용품의 원재료를 증산하거나 하는 생산유발효과를 더하면 경제효과는 4000억 엔을 돌파한다. 음식비를 한 사람이 연간 만 5천 엔으로 하면 6000억 엔에나 이른다. UFJ종합연구소는 '일본시리즈의 상대가 다이에라면 열광적인 팬이 많고 장거리 이동을 동반하기 때문에 경제효과가 최대가 된다'고 예측하고 있다고 한다.

[어휘] 優勝 우승, 全国 전국, 広がる 확대되다, 만연하다, 経済効果 경제효과, 試算 시산, 総合 종합, 研究所 연구소, まとめる 요약하다, 정리하다, 弾き出す 산출하다, プロ野球 프로야구, ~として ~로써, 史上 사상, 最大級 최대급, ちなみに 참고로, 民間 민간, 近畿圏 긴키권, 긴키 지역, 程度 정도, 通常 통상, 需要 수요, 新ただ 새롭다, 生まれる 생겨나다, 積み上げる 쌓아올리다, 直接 직접, 球場 구장, 入場料 입장료, 収入 수입, 交通費 교통비, 増加分 증가분, 百貨店 백화점, 商店街 상점가, セール 세일, 最も 가장, 제일, 飲食 음식(마시고 먹음), 支出 지출, 球団 구단, 数値 수치, ~をもとに ~을(를) 근거로, 想定 상정, 勝利 승리, 酔いしれる 취하다, 도취되다, ~当たり ~당, 弾く 주판을 튀기다, 계산하다, 儲ける 돈을 벌다, 社員 사원, 消費 소비, 回す 돌리다, 応援グッズ 응원 용품, 原材料 원재료, 増産する 증산하다, 生産 생산, 誘発 유발, 加える 더하다, 突破する 돌파하다, 達する 이르다, 달하다, 相手 상대, 熱狂的 열광적, 長距離 장거리, 移動 이동, 伴う 동반하다, 最大 최대, 予測する 예측하다

相関関係 상관관계 · 計算する 계산하다 · きずな 인연 · きっかけ 계기 · 礎 주춧돌 · 利益 이익 · 飲食費 음식비 · ～によって ～에 의해, ～에 따라

(193~196)

[정답] **193** Ⓑ　**194** Ⓒ　**195** Ⓓ　**196** Ⓑ

[해석] 일상생활에 고민이나 불안을 느끼고 있는 사람이 세 명 중에 두 명에 이른다는 게 내각부가 30일에 발표한 '(1)국민생활에 관한 여론조사'에서 밝혀졌다. 이와 같은 결과는 조사 개시 이래 과거 최고라고 한다. 불안의 내용으로는 절반이 '(2)노후의 생활 설계'를 들었다. 앞으로의 생활이 '나빠진다'라고 생각하는 사람도 거의 세 명 중에 한 명이어서 아직 생활의식 면에서는 혹독함이 사라지지 않았다는 것을 알 수 있었다.

조사는 올해 6월 전국 만 명의 성인을 대상으로 실시해 7,030명으로부터 답변이 왔다. 고민이나 불안이 있는 사람을 세대별로 보면 20대가 가장 낮은 59.8%, 가장 높은 40대는 72.5%, 50대도 71.6%로 높았다. 그 내용을 복수 답변으로 받았더니 '노후의 생활설계'가 50.0%로 가장 많고 '자신의 건강'이 46.3%, '앞으로의 수입이나 자산 전망'이 41.7% 순이었다. 또 앞으로의 생활 전망을 '나빠진다'라고 대답한 사람은 31.3%로 같은 설문을 시작한 1968년 이래 과거 최고였다. 반대로 '좋아진다'는 7.5%에 그쳤다. 세대별로는 20대에서 '좋아진다' 쪽이 많은 것 외에는 '나빠진다' 쪽이 많았다. 마지막으로 정부에 대한 요구를 복수 답변으로 물었더니 '경기 대책'이 67.4%로 가장 많았고 의료나 연금 등 '사회보장구조 개혁'이 61.9%로 그 뒤를 이었다. '방위·안전보장'은 22.4%로 처음 20%를 넘었다.

[어휘] 日常生活 일상생활 · 悩み 고민 · 不安 불안 · 感じる 느끼다 · 内閣府 내각부 · 発表する 발표하다 · 国民 국민 · ～に関する ～에 관한 · 世論調査 여론조사 · 結果 결과 · 開始 개시 · ～以来 ～이래 · 過去 과거 · 最高 최고 · 中身 내용 · 半数 절반 · 老後 노후 · 設計 설계 · 挙げる 들다 · ほぼ 거의 · 意識 의식 · 厳しさ 혹독함 · 消える 사라지다 · 成人 성인 · 対象 대상 · 実施 실시 · 回答 회답(답변이 돌아옴) · 世代別 세대별 · 低い 낮다 · 高い 높다 · 内容 내용 · 複数 복수 · 健康 건강 · 収入 수입 · 資産 자산 · 見通し 전망 · 順 순, 순서 · 設問 설문 · 逆に 반대로 · 止まる 그치다 · 政府 정부 · 要望 요망, 요구 · 景気 경기 · 対策 대책 · 医療 의료 · 年金 연금 · 社会保障 사회보장 · 構造 구조 · 改革 개혁 · 防衛 방위 · 安全 안전 · 超える 넘다

若干 약간 · 割合 비율 · 記録する 기록하다 · 以上 이상 · 差 차이 · ～位 ～위 · 過半数 과반수 · 占める 점하다, 차지하다 · ～に対して ～에 대해서

(197~200)

[정답] **197** Ⓐ **198** Ⓓ **199** Ⓐ **200** Ⓓ

[해석] 경찰에 체포되면 반드시 조서를 쓰게 된다. 그리고 재판에서 이들 조서가 증거로서 제출되는데 이 조서가 (1)경계를 해야 하는 대상으로 피고는 재판 중에 "경찰의 조서는 강요받아 적은 것으로, 사실이 아니에요" 등으로 말하는 사람이 많다. 재판 시스템에서는 경찰이 받는 원면조서와 그 후 검찰관이 조사하는 검면조서는 그 무게가 다르다고 하는데 그래도 (2)경찰에서 일단 받은 조서의 내용을 뒤집는 것은 힘든 것 같다. 설령 그것이 사형을 구형받을 만큼 중요한 재판이라도 그다지 상황은 바뀌지 않는 것 같다. 그렇다면 그렇게 피고가 "거짓말이다"라고 말하는 경찰에서의 조서는 어떤 식으로 받는 것일까? 만약 자신이 범죄자로 체포되었다고 가정하고 냉정하게 생각해 본다. 경찰은 수사로 얻은 여러 가지 상황증거를 내세워 "당신이 했지?"라고 물어 온다. 그러나 상황증거는 결정적인 것은 아니다. 그래서 경찰이 "당신이 하는 걸 본 사람이 있어!" 등으로 말한다. 만약 기억이 없다면 이와 같은 대사는 특별히 아무런 설득성도 없다. 그러나 계속해서 다른 건으로 체포되어 구류가 연장되면 어떻게 될까? 그날 돌아갈 수 있다고 생각해서 경찰서에 왔는데 그게 1개월 이상이나 구류되면 보통 사람이라면 맥이 풀려 버린다. 인간의 정신은 고통에 대해 의외로 약하다. 따라서 진범이 아니어도 그 자리의 고통에서 벗어나고 싶은 마음에 상대에게 영합하는 경우도 충분히 있을 수 있다. 왜냐하면 이 정도로 하지 않고서는 진범이 죄를 인정할 리가 없기 때문이다.

[어휘] 警察 경찰・捕まる 체포되다・必ず 반드시・調書 조서・そして 그리고・裁判 재판・証拠 증거・提出する 제출하다・曲者 경계해야 할 자・被告 피고・強制する 강제하다・員面 원면・検察官 검찰관・取り調べる 조사하다・重み 무게・違う 다르다・一旦 일단・引っ繰り返す 뒤집다・たとえ 설사, 설령・死刑 사형・求刑する 구형하다・重要だ 중요하다・状況 상황・嘘 거짓말・犯罪者 범죄자・逮捕する 체포하다・冷静だ 냉정하다・捜査 수사・得る 얻다・並べ立てる 내세우다・決定的 결정적・身に覚えがない 기억이 없다・台詞 대사・説得性 설득성・次から次に 계속해서・別件 별건, 다른 건・拘留 구류・延長する 연장하다・滅入る 맥이 풀리다, 기운이 빠지다・精神 정신・苦痛 고통・~に対して ~에 대해서・意外と 의외로・脆い 약하다・真犯人 진범・逃れる 벗어나다・相手 상대・迎合する 영합하다・あり得る 있을 수 있다・罪 죄・認める 인정하다・~わけがない ~일 리가 없다

退屈 지루함・横着 뻔뻔함・調子者 경박한 사람・見直す 다시 보다, 재검토하다・役に立つ 도움이 되다・廃止する 폐지하다・事件 사건・解決 해결・鍵 열쇠・主張する 주장하다・冤罪 억울한 죄・増産する 증산하다

解答用紙

氏名　　　　　　　　　　　　　　　　　　　　　　　　　　　点数

No.	ANSWER	No.	ANSWER	No.	読解 ANSWER	No.	ANSWER
101	Ⓐ Ⓑ Ⓒ Ⓓ	121	Ⓐ Ⓑ Ⓒ Ⓓ	141	Ⓐ Ⓑ Ⓒ Ⓓ	161	Ⓐ Ⓑ Ⓒ Ⓓ	181	Ⓐ Ⓑ Ⓒ Ⓓ
102	Ⓐ Ⓑ Ⓒ Ⓓ	122	Ⓐ Ⓑ Ⓒ Ⓓ	142	Ⓐ Ⓑ Ⓒ Ⓓ	162	Ⓐ Ⓑ Ⓒ Ⓓ	182	Ⓐ Ⓑ Ⓒ Ⓓ
103	Ⓐ Ⓑ Ⓒ Ⓓ	123	Ⓐ Ⓑ Ⓒ Ⓓ	143	Ⓐ Ⓑ Ⓒ Ⓓ	163	Ⓐ Ⓑ Ⓒ Ⓓ	183	Ⓐ Ⓑ Ⓒ Ⓓ
104	Ⓐ Ⓑ Ⓒ Ⓓ	124	Ⓐ Ⓑ Ⓒ Ⓓ	144	Ⓐ Ⓑ Ⓒ Ⓓ	164	Ⓐ Ⓑ Ⓒ Ⓓ	184	Ⓐ Ⓑ Ⓒ Ⓓ
105	Ⓐ Ⓑ Ⓒ Ⓓ	125	Ⓐ Ⓑ Ⓒ Ⓓ	145	Ⓐ Ⓑ Ⓒ Ⓓ	165	Ⓐ Ⓑ Ⓒ Ⓓ	185	Ⓐ Ⓑ Ⓒ Ⓓ
106	Ⓐ Ⓑ Ⓒ Ⓓ	126	Ⓐ Ⓑ Ⓒ Ⓓ	146	Ⓐ Ⓑ Ⓒ Ⓓ	166	Ⓐ Ⓑ Ⓒ Ⓓ	186	Ⓐ Ⓑ Ⓒ Ⓓ
107	Ⓐ Ⓑ Ⓒ Ⓓ	127	Ⓐ Ⓑ Ⓒ Ⓓ	147	Ⓐ Ⓑ Ⓒ Ⓓ	167	Ⓐ Ⓑ Ⓒ Ⓓ	187	Ⓐ Ⓑ Ⓒ Ⓓ
108	Ⓐ Ⓑ Ⓒ Ⓓ	128	Ⓐ Ⓑ Ⓒ Ⓓ	148	Ⓐ Ⓑ Ⓒ Ⓓ	168	Ⓐ Ⓑ Ⓒ Ⓓ	188	Ⓐ Ⓑ Ⓒ Ⓓ
109	Ⓐ Ⓑ Ⓒ Ⓓ	129	Ⓐ Ⓑ Ⓒ Ⓓ	149	Ⓐ Ⓑ Ⓒ Ⓓ	169	Ⓐ Ⓑ Ⓒ Ⓓ	189	Ⓐ Ⓑ Ⓒ Ⓓ
110	Ⓐ Ⓑ Ⓒ Ⓓ	130	Ⓐ Ⓑ Ⓒ Ⓓ	150	Ⓐ Ⓑ Ⓒ Ⓓ	170	Ⓐ Ⓑ Ⓒ Ⓓ	190	Ⓐ Ⓑ Ⓒ Ⓓ
111	Ⓐ Ⓑ Ⓒ Ⓓ	131	Ⓐ Ⓑ Ⓒ Ⓓ	151	Ⓐ Ⓑ Ⓒ Ⓓ	171	Ⓐ Ⓑ Ⓒ Ⓓ	191	Ⓐ Ⓑ Ⓒ Ⓓ
112	Ⓐ Ⓑ Ⓒ Ⓓ	132	Ⓐ Ⓑ Ⓒ Ⓓ	152	Ⓐ Ⓑ Ⓒ Ⓓ	172	Ⓐ Ⓑ Ⓒ Ⓓ	192	Ⓐ Ⓑ Ⓒ Ⓓ
113	Ⓐ Ⓑ Ⓒ Ⓓ	133	Ⓐ Ⓑ Ⓒ Ⓓ	153	Ⓐ Ⓑ Ⓒ Ⓓ	173	Ⓐ Ⓑ Ⓒ Ⓓ	193	Ⓐ Ⓑ Ⓒ Ⓓ
114	Ⓐ Ⓑ Ⓒ Ⓓ	134	Ⓐ Ⓑ Ⓒ Ⓓ	154	Ⓐ Ⓑ Ⓒ Ⓓ	174	Ⓐ Ⓑ Ⓒ Ⓓ	194	Ⓐ Ⓑ Ⓒ Ⓓ
115	Ⓐ Ⓑ Ⓒ Ⓓ	135	Ⓐ Ⓑ Ⓒ Ⓓ	155	Ⓐ Ⓑ Ⓒ Ⓓ	175	Ⓐ Ⓑ Ⓒ Ⓓ	195	Ⓐ Ⓑ Ⓒ Ⓓ
116	Ⓐ Ⓑ Ⓒ Ⓓ	136	Ⓐ Ⓑ Ⓒ Ⓓ	156	Ⓐ Ⓑ Ⓒ Ⓓ	176	Ⓐ Ⓑ Ⓒ Ⓓ	196	Ⓐ Ⓑ Ⓒ Ⓓ
117	Ⓐ Ⓑ Ⓒ Ⓓ	137	Ⓐ Ⓑ Ⓒ Ⓓ	157	Ⓐ Ⓑ Ⓒ Ⓓ	177	Ⓐ Ⓑ Ⓒ Ⓓ	197	Ⓐ Ⓑ Ⓒ Ⓓ
118	Ⓐ Ⓑ Ⓒ Ⓓ	138	Ⓐ Ⓑ Ⓒ Ⓓ	158	Ⓐ Ⓑ Ⓒ Ⓓ	178	Ⓐ Ⓑ Ⓒ Ⓓ	198	Ⓐ Ⓑ Ⓒ Ⓓ
119	Ⓐ Ⓑ Ⓒ Ⓓ	139	Ⓐ Ⓑ Ⓒ Ⓓ	159	Ⓐ Ⓑ Ⓒ Ⓓ	179	Ⓐ Ⓑ Ⓒ Ⓓ	199	Ⓐ Ⓑ Ⓒ Ⓓ
120	Ⓐ Ⓑ Ⓒ Ⓓ	140	Ⓐ Ⓑ Ⓒ Ⓓ	160	Ⓐ Ⓑ Ⓒ Ⓓ	180	Ⓐ Ⓑ Ⓒ Ⓓ	200	Ⓐ Ⓑ Ⓒ Ⓓ

解答用紙

氏名： 　　　　　　　　　点数： 　　　　　

No.	ANSWER	No.	ANSWER	No. 読解	ANSWER	No.	ANSWER
101	Ⓐ Ⓑ Ⓒ Ⓓ	121	Ⓐ Ⓑ Ⓒ Ⓓ	141	Ⓐ Ⓑ Ⓒ Ⓓ	161	Ⓐ Ⓑ Ⓒ Ⓓ
102	Ⓐ Ⓑ Ⓒ Ⓓ	122	Ⓐ Ⓑ Ⓒ Ⓓ	142	Ⓐ Ⓑ Ⓒ Ⓓ	162	Ⓐ Ⓑ Ⓒ Ⓓ
103	Ⓐ Ⓑ Ⓒ Ⓓ	123	Ⓐ Ⓑ Ⓒ Ⓓ	143	Ⓐ Ⓑ Ⓒ Ⓓ	163	Ⓐ Ⓑ Ⓒ Ⓓ
104	Ⓐ Ⓑ Ⓒ Ⓓ	124	Ⓐ Ⓑ Ⓒ Ⓓ	144	Ⓐ Ⓑ Ⓒ Ⓓ	164	Ⓐ Ⓑ Ⓒ Ⓓ
105	Ⓐ Ⓑ Ⓒ Ⓓ	125	Ⓐ Ⓑ Ⓒ Ⓓ	145	Ⓐ Ⓑ Ⓒ Ⓓ	165	Ⓐ Ⓑ Ⓒ Ⓓ
106	Ⓐ Ⓑ Ⓒ Ⓓ	126	Ⓐ Ⓑ Ⓒ Ⓓ	146	Ⓐ Ⓑ Ⓒ Ⓓ	166	Ⓐ Ⓑ Ⓒ Ⓓ
107	Ⓐ Ⓑ Ⓒ Ⓓ	127	Ⓐ Ⓑ Ⓒ Ⓓ	147	Ⓐ Ⓑ Ⓒ Ⓓ	167	Ⓐ Ⓑ Ⓒ Ⓓ
108	Ⓐ Ⓑ Ⓒ Ⓓ	128	Ⓐ Ⓑ Ⓒ Ⓓ	148	Ⓐ Ⓑ Ⓒ Ⓓ	168	Ⓐ Ⓑ Ⓒ Ⓓ
109	Ⓐ Ⓑ Ⓒ Ⓓ	129	Ⓐ Ⓑ Ⓒ Ⓓ	149	Ⓐ Ⓑ Ⓒ Ⓓ	169	Ⓐ Ⓑ Ⓒ Ⓓ
110	Ⓐ Ⓑ Ⓒ Ⓓ	130	Ⓐ Ⓑ Ⓒ Ⓓ	150	Ⓐ Ⓑ Ⓒ Ⓓ	170	Ⓐ Ⓑ Ⓒ Ⓓ
111	Ⓐ Ⓑ Ⓒ Ⓓ	131	Ⓐ Ⓑ Ⓒ Ⓓ	151	Ⓐ Ⓑ Ⓒ Ⓓ	171	Ⓐ Ⓑ Ⓒ Ⓓ
112	Ⓐ Ⓑ Ⓒ Ⓓ	132	Ⓐ Ⓑ Ⓒ Ⓓ	152	Ⓐ Ⓑ Ⓒ Ⓓ	172	Ⓐ Ⓑ Ⓒ Ⓓ
113	Ⓐ Ⓑ Ⓒ Ⓓ	133	Ⓐ Ⓑ Ⓒ Ⓓ	153	Ⓐ Ⓑ Ⓒ Ⓓ	173	Ⓐ Ⓑ Ⓒ Ⓓ
114	Ⓐ Ⓑ Ⓒ Ⓓ	134	Ⓐ Ⓑ Ⓒ Ⓓ	154	Ⓐ Ⓑ Ⓒ Ⓓ	174	Ⓐ Ⓑ Ⓒ Ⓓ
115	Ⓐ Ⓑ Ⓒ Ⓓ	135	Ⓐ Ⓑ Ⓒ Ⓓ	155	Ⓐ Ⓑ Ⓒ Ⓓ	175	Ⓐ Ⓑ Ⓒ Ⓓ
116	Ⓐ Ⓑ Ⓒ Ⓓ	136	Ⓐ Ⓑ Ⓒ Ⓓ	156	Ⓐ Ⓑ Ⓒ Ⓓ	176	Ⓐ Ⓑ Ⓒ Ⓓ
117	Ⓐ Ⓑ Ⓒ Ⓓ	137	Ⓐ Ⓑ Ⓒ Ⓓ	157	Ⓐ Ⓑ Ⓒ Ⓓ	177	Ⓐ Ⓑ Ⓒ Ⓓ
118	Ⓐ Ⓑ Ⓒ Ⓓ	138	Ⓐ Ⓑ Ⓒ Ⓓ	158	Ⓐ Ⓑ Ⓒ Ⓓ	178	Ⓐ Ⓑ Ⓒ Ⓓ
119	Ⓐ Ⓑ Ⓒ Ⓓ	139	Ⓐ Ⓑ Ⓒ Ⓓ	159	Ⓐ Ⓑ Ⓒ Ⓓ	179	Ⓐ Ⓑ Ⓒ Ⓓ
120	Ⓐ Ⓑ Ⓒ Ⓓ	140	Ⓐ Ⓑ Ⓒ Ⓓ	160	Ⓐ Ⓑ Ⓒ Ⓓ	180	Ⓐ Ⓑ Ⓒ Ⓓ
						181	Ⓐ Ⓑ Ⓒ Ⓓ
						182	Ⓐ Ⓑ Ⓒ Ⓓ
						183	Ⓐ Ⓑ Ⓒ Ⓓ
						184	Ⓐ Ⓑ Ⓒ Ⓓ
						185	Ⓐ Ⓑ Ⓒ Ⓓ
						186	Ⓐ Ⓑ Ⓒ Ⓓ
						187	Ⓐ Ⓑ Ⓒ Ⓓ
						188	Ⓐ Ⓑ Ⓒ Ⓓ
						189	Ⓐ Ⓑ Ⓒ Ⓓ
						190	Ⓐ Ⓑ Ⓒ Ⓓ
						191	Ⓐ Ⓑ Ⓒ Ⓓ
						192	Ⓐ Ⓑ Ⓒ Ⓓ
						193	Ⓐ Ⓑ Ⓒ Ⓓ
						194	Ⓐ Ⓑ Ⓒ Ⓓ
						195	Ⓐ Ⓑ Ⓒ Ⓓ
						196	Ⓐ Ⓑ Ⓒ Ⓓ
						197	Ⓐ Ⓑ Ⓒ Ⓓ
						198	Ⓐ Ⓑ Ⓒ Ⓓ
						199	Ⓐ Ⓑ Ⓒ Ⓓ
						200	Ⓐ Ⓑ Ⓒ Ⓓ

MEMO

시원스쿨닷컴